U0502188

地势坤，君子以厚德载物。

尚书

今注今译

王云五—主编

屈万里—注译

尚书 今注今译

中国友谊出版公司

图书在版编目（CIP）数据

尚书今注今译 / 王云五主编；屈万里注译. -- 北
京：中国友谊出版公司, 2021.9
ISBN 978-7-5057-5163-7

Ⅰ.①尚… Ⅱ.①王… ②屈… Ⅲ.①中国历史—商
周时代②《尚书》—注释③《尚书》—译文 Ⅳ.
①K221.04

中国版本图书馆CIP数据核字（2021）第044037号

本书中文简体字版权由台湾商务印书馆股份有限公司授与北京磨铁文化
集团股份有限公司。非经书面同意，不得以任何形式转载重制，本著作物简
体字版仅限中国大陆发行。

书名　尚书今注今译
作者　王云五主编　屈万里注译
出版　中国友谊出版公司
发行　中国友谊出版公司
经销　新华书店
印刷　河北鹏润印刷有限公司
规格　880×1230毫米　32开
　　　9印张　210千字
版次　2021年10月第1版
印次　2021年10月第1次印刷
书号　ISBN 978-7-5057-5163-7
定价　35.00元
地址　北京市朝阳区西坝河南里17号楼
邮编　100028
电话　（010）64678009

如发现图书质量问题，可联系调换。质量投诉电话：010-82069336

编纂古籍今注今译序

由于语言文字习俗之演变，古代文字原为通俗者，在今日颇多不可解。以故，读古书者，尤以在具有数千年文化之我国中，往往苦其文义之难通。余为协助现代青年对古书之阅读，在距今四十余年前，曾为本馆创编《学生国学丛书》数十种，其凡例如下：

一、中学以上语文功课，重在课外阅读，自力攻求；教师则为之指导焉耳。唯重篇巨帙，释解纷繁，得失互见，将使学生披沙而得金，贯散以成统，殊非时力所许；是有需乎经过整理之书篇矣。本馆鉴此，遂有《学生国学丛书》之辑。

二、本丛书所收，均重要著作，略举大凡：经部如诗、礼、春秋；史部如史、汉、五代；子部如庄、孟、荀、韩，并皆列入；文辞则上溯汉、魏，下迄五代；诗歌则陶、谢、李、杜，均有单本；词则多采五代、两宋；曲则撷取元、明大家；传奇、小说，亦选其英。

三、诸书选辑各篇，以足以表见其书，其作家之思想精神、文学技术者为准；其无关宏旨者，概从删削。所选之篇类不省节，以免割裂之病。

四、诸书均为分段落，作句读，以便省览。

五、诸书均有注释；古籍异释纷如，即采其较长者。

六、诸书卷首，均有新序，述作者生平，本书概要。凡所以示学生研究门径者，不厌其详。

然而此一丛书，仅各选辑全书之若干片段，犹之尝其一脔，而未窥全豹。及一九六四年，余谢政后重主本馆，适编译馆有《资治通鉴今注》之编纂，甫出版三册，以经费及流通两方面，均有借助于出版家之必要，商之于余，以其系就全书详注，足以弥补余四十年前编纂《学生国学丛书》之阙，遂予接受。甫岁余，而全书十有五册，千余万言，已全部问世矣。

余又以《资治通鉴今注》，虽较《学生国学丛书》已进一步，然因若干古籍，文义晦涩，今注以外，能有今译，则相互为用，今注可明个别意义，今译更有助于通达大体，宁非更进一步欤？

几经考虑，乃于一九六七年秋决定编纂经部今注今译第一集十种，其凡例如下：

一、经部今注今译第一集，暂定十种 ①，其书名及白文 ② 字数如下：

《诗经》	三九一二四字
《尚书》	二五七〇〇字
《周易》	二四二〇七字
《周礼》	四五八〇六字
《礼记》	九九〇二〇字
《春秋左氏传》	一九六八四五字
《大学》	一七四七字

---

① 编者注：因版权问题，此次简体中文新版本中缺少《周礼今注今译》一书。另外，《大学今注今译》《中庸今注今译》两本合为一本《大学中庸今注今译》。

② 编者注：白文指书的正文部分，亦指不附注释的书。

《中庸》	三五四五字
《论语》	一二七〇〇字
《孟子》	三四六八五字

以上白文共四八三三七九字。

二、今注仿《资治通鉴今注》体例，除对单字词语详加注释外，地名必注今名，年份兼注公元，衣冠文物莫不详释，必要时并附古今比较地图与衣冠文物图案。

三、全书白文四十七万余字，今注假定占白文百分之七十，今译等于白文百分之一百三十，合计白文连注译约为一百四十余万言。

本馆所任之古籍今注今译，经慎选专家定约从事，阅时最久者将及两年，较短者不下一年，则以属稿诸君，无不敬恭将事，求备求详；迄今只有《尚书》及《礼记》两种交稿，所有注译字数，均超出原预算甚多，以《礼记》一书言，竟超过倍数以上。兹当第一种之《尚书今注今译》排印完成，问世有日，谨述缘起及经过如上。

王云五

一九六九年九月二十五日

凡例

一、鄙人旧撰《尚书释义》一书，由中华文化出版事业委员会出版。该书注文虽简，然引用他家之说，悉予著明，并略涉引证。因其书意在为大学中文系学生习读之用，俾既可因注语以了解经文，亦可因引证之文，而鼓起从事研究工作之兴趣。然于无意专习《尚书》，而仅欲于此书略知大意之青年（尤其外国人士），往往不克但凭注语即能详悉经文之意义，故复有本书之作。

二、本书注语，大都依据拙著《尚书释义》；而属辞更求简明，并尽量避免引证。唯十余年来（前书初版于一九五六年），因读书稍多，识解亦微有寸进，故颇有修订旧说处。

三、以白话文译先秦文辞，有如以中文译外文。盖古语表达之方式，与今语不同处既多；而周代习用之语气词，今语中无适当之字可译者尤多。故欲求其信达雅，鄙人力有未逮。无已，谨致力于"信"之一途，冀不失经文之原意。

四、本书既为一般青年略知其大意而作，故涉及专门性之问题，本书多略而不言。亦因此故，于《尚书》逸文及伪古文《尚书》原文，皆略而未著。读者欲知其详，则有《尚书释义》在。

五、百篇书序，出于先秦，可借以知百篇《尚书》之篇目，及其存佚情形，故附录于正文之末，并加简注。

六、本书之成，多得力于吴莲佩讲师之助，谨志谢忱。

《尚书》版本说明

　　古者凡公文及函札皆名曰书。《尚书》诸篇，大部分为古代之公文，故先秦但称此书曰《书》。至汉初始有《尚书》之称；尚书者，意谓古代之公文也。后世因其为群经之一，故又称为《书经》。盖《尚书》《书经》，二者皆后起之称，非本名也。今沿汉人例，名之曰《尚书》。

　　相传古者《尚书》凡三千余篇，至孔子删定为百篇。按：孔子以诗书教生徒，本书曾经孔子编次，当属事实；唯删书之说，恐不足信。又：先秦有百篇本《尚书》，亦无可疑（孔壁所出古文《尚书》，有百篇书序，可证）；唯此百篇本《尚书》，亦非孔子所定；以其有多篇当著成于孔子之后也。

　　据史传所载，秦始皇焚书时，伏生藏百篇《尚书》于壁中。其后经秦末之乱，刘项之争，至汉初乱定，伏生发其书，仅存二十九篇（《顾命》及《康王之诰》为二篇）。汉文帝时，使晁错就伏生习《尚书》，伏生亦以此在齐传授生徒，于是此二十九篇始传于世。其后，河内女子得《泰誓》一篇，上之朝廷，因增入《泰誓》一篇。唯以汉人欲保持二十九篇之数字，于是将《康王之诰》合于《顾命》为一篇，故仍为二十九篇。后世或谓伏生所传《尚书》为二十八篇者，乃就《顾命》及《康王之诰》合为一篇言之也。

汉景帝时，鲁恭王因扩建宫室，坏孔子故宅，于孔壁中得古文本经书数种，其中《尚书》一书，较伏生所传者多十六篇（中有《九共》一篇，分之则为九篇，故亦云多二十四篇）。只因当时朝廷不重视此古文本，故至光武帝时，即失去《武成》一篇；至西晋永嘉之乱，其余十五篇，亦全部亡佚。

东晋时，豫章内史梅赜，献古文《尚书》五十八篇。五十八篇者，乃将伏生之二十九篇，析为三十三篇（分《尧典》为《尧典》《舜典》二篇，又于分出之《舜典》前，增加二十八字；分《皋陶谟》为《皋陶谟》《益稷》二篇；分《盘庚》为三篇；故为三十三篇），又加伪撰之二十五篇也。此伪撰之二十五篇，自宋吴棫及朱子已疑之；历元至明，疑者亦不乏人。清初阎若璩著《尚书古文疏证》八卷，列举一百二十八证，以明此二十五篇为伪书，于是其伪遂成定案。故本书但注译伏生所传之二十九篇（因将《康王之诰》合于《顾命》，故实为二十八篇），而将伪古文二十五篇删除，仿孙星衍《尚书今古文注疏》例也。

目　录

周 书

附 录

虞夏书

　　孔颖达《尚书正义》（以下简称《正义》）谓马融、郑玄、王肃、《别录》，题皆曰《虞夏书》。《说文解字》（以下简称《说文》）两引《尧典》之语，皆谓之《唐书》。伏生《尚书大传》于《唐传》《虞传》《夏传》之前，各题"虞夏传"三字（见《正义》卷二）。唯伪孔《传》题曰《虞书》。今据马郑本，题曰《虞夏书》。

尧典

　　《说文》："典，大册也。"古书多写于竹简，集众简而成册。典，乃册之长大者。《尧典》者，记帝尧之事之书也。《孟子·万章》篇引述本篇即称《尧典》，《大学》则称作《帝典》。

　　伏生所传《尧典》，自"曰若稽古帝尧"起，至"陟方乃死"止。《孟子》引"二十有八载"等五句，而云"《尧典》曰"；知孟子所见《尧典》之篇幅，与伏生同。伪古文本则将《尧典》分为二篇：自"嫔于虞。帝曰：钦哉"以上，谓之《尧典》；"慎徽五典"以下，谓之《舜典》。而又杜撰"曰若稽古帝舜"等二十八字，冠于"慎徽五典"之上。常见之五十八篇本《尚书》（如《注疏》本及蔡沈《集传》本等），皆据伪古文本，故皆分为二篇。

　　按：《尧典》文辞平易，与佶屈聱牙之《周诰》，绝不相似。篇首云："曰若稽古"。是《尧典》作者，已明言系后人追述古事。篇中不但有"帝尧"之称，且单称一"帝"字以指时君。又"考妣"对称，而不称"祖妣"。且所述命羲和居四方观日事，与述舜四时巡守四方事，皆以四方配四时：凡此，皆战国以来之习惯。可知本篇之著成，最早亦不能前于战国之世。而《孟子》既引述之，可知其著成时代，当在《孟子》之前也。

曰若稽古帝尧，曰放勋[1]。钦、明、文、思、安安，允恭克让[2]；光被四表，格于上下[3]。克明俊德，以亲九族[4]；九族既睦，平章百姓[5]；百姓昭明，协和万邦[6]。黎民於变时雍[7]。

注释

　　1　曰若，与《召诰》之"越若"，逸《武成》（《汉书·律历志》引）之"粤若"同，发语词。稽，考察。尧，或以为谥，或以为名号。放勋，《史记》及马融以为尧名。

　　2　钦，敬谨。明，明达。文，文雅。思，谋虑。安安，和柔。允，诚然。克，能够。

　　3　光，《经义述闻》（以下简称《述闻》）以为与"广"同义。被，覆盖。四表，四方也：吴汝纶《尚书故》有说。格，感召。上，指天神言。下，指地祇言。

4　俊，大。九族，高祖、曾祖、祖父、父亲、己身、子、孙、曾孙、玄孙九代也。

5　平，辨。章，明。百姓，百官；此指各种官职。

6　昭，明。协，和。万邦，指诸侯之国。

7　黎，众。於读为"呜"，叹词。时，是。雍，和。

译文

（我们来）考察古代的帝王尧，他叫作放勋。他敬谨、明达、文雅，有计谋而又温和，诚然恭敬能够谦让；他的光辉普照四方，感召了天地神明。他能够发扬伟大的美德，使家族都亲睦融洽；家族既已和睦，就来辨明各官员的职守；全体官员的职守都已辨明，天下各国（诸侯）就都调协和顺。民众们啊也都变得和善了。

乃命羲和，钦若昊天[1]；历象日月星辰，敬授人时[2]。分命羲仲，宅嵎夷，曰旸谷[3]。寅宾出日，平秩东作[4]；日中、星鸟，以殷仲春[5]。厥民析；鸟兽孳尾[6]。申命羲叔，宅南交[7]。平秩南讹；敬致[8]。日永、星火[9]，以正仲夏。厥民因；鸟兽希革[10]。分命和仲，宅西，曰昧谷[11]。寅饯纳日，平秩西成[12]；宵中、星虚[13]，以殷仲秋。厥民夷；鸟兽毛毨[14]。申命和叔，宅朔方，曰幽都。平在朔易[15]；日短、星昴[16]，以正仲冬。厥民隩；鸟兽氄毛[17]。帝曰："咨！汝羲暨和[18]。期三百有六旬有六日，以闰月定四时成岁[19]。"允厘百工，庶绩咸熙[20]。

注释

1　羲和，谓羲氏、和氏，旧说以为二氏"世掌天地四时之官"。钦，敬谨。若，顺从。昊，元气广大貌。昊天，犹今言老天。

2　历，屡次：据《史记》说。象，观测天象。人，本是"民"字，唐人避讳"民"字，因此改作"人"。《史记》《汉书》等俱引作民时。民时，即耕种收获之时。

3　羲仲，人名；上文所称羲和二氏之一，下文羲叔等类此。宅，居住。嵎夷，地名，在东海滨。旸谷，地名。

4　寅，敬。宾，与傧同义，引导也。此谓晨时向日敬礼，以引导其升出。平，与伻同义，使也。秩，即程课；犹言治理：义见《史记》。按：五行家以东方配春；东作即春作，谓春日之农作也。此言使民治其春作。

5　中，均等。日中，谓日夜之长均等；此指春分时言。鸟，南方七宿之总名。星鸟，谓春分初昏时，鸟之七宿毕见。殷，正；犹言定准。以上二句，谓以日中及星鸟，以定准仲春时节。

6　厥，其。析，分散；谓民散于野，从事耕作。孳，乳化。尾，交尾。

7　申，重；再。南交，交前当有"曰大"二字；"大交"盖山名：《述闻》说。旧说谓南交为南方交趾，恐非是。

8　讹，读为"为"，作也。南讹，谓夏日之农作。致，谓致日；盖以夏至日中午时，祭日而记其影之长短：蔡《传》有说。

9　永，长。夏至日最长。火，星名，即大火；东方七宿之一。星火，谓初昏时大火在正南方。此夏至之现象。

10　因，与裹同义，解衣而耕也：孙星衍《尚书今古文注疏》（以下简称"孙《疏》"）说。希，与稀同。革，与翮同；毛羽。希革，谓毛羽稀疏：吴氏《尚书故》说。

11　西，西方。昧谷，地名。

12　饯，送行。纳日，入日；即落日。成，谓收成。西成，谓秋收。

13　宵中，夜长日长相等。虚，星名，北方七宿之一。星虚，谓初昏时虚宿在正南方。此秋分之现象。

14　夷，喜悦。秋收后，农事毕，故喜悦。毨，毛重生：义见《玉篇》。

15　朔方，北方。幽都，地名。在，察也：义见《尔雅·释诂》。治田曰易，《孟子》言"易其田畴"可证。平在朔易，言使民省察冬日治田之事。

16　日短，谓冬至日最短。昴（mǎo），星名，西方七宿之一。星昴，言初昏时昴星在正南方。此冬至之现象。

17　隩，暖。氄，冬日鸟兽羽毛下所生柔细之毛。

18　咨，叹词。暨，与。

19　期，周年。有，读为"又"。三百又六旬又六日，谓三百六十六日。地球绕日一周（古人谓日绕地），共需三百六十五日又四分之一日；此举成数言之。月绕地球一周，需二十九日余；全年十二周仅得三百五十四五日。较地球绕日之实数，相差十日余，故必以闰月补足之。计十九年中，置七个闰月。四时，春夏秋冬。

20　允，犹用也：《经传释词》（以下简称《释词》）说。厘，整治；意谓制定。百工，百官。庶，众。绩，功。咸，皆。熙，兴。

译文

于是命令羲氏与和氏，（让他们）敬谨地顺应着老天；屡次观测日月星辰，谨慎地把时令传授给民众。命令羲仲，居住在嵎夷一带，那个地方叫作旸谷。恭敬地迎接初升的太阳。使人民从事春天的农作。（看到）日夜的长度均等了，傍晚鸟星统统出现了，（就依据这景象）来定准仲春时节（春分）。（这时）人民就分散在田野，鸟兽都在生育交尾了。又命令羲叔，居住在南方大交山。使人民从事夏季的农务。敬谨地在夏至的正午祭祀太阳而记下日影的长度。（这时）日长（夜短），黄昏之初，大火星在正南方出现。（依据这种景象）来定准仲夏时节（夏至）。（这时）人民都脱下衣服去耕作；鸟兽的毛羽也稀疏了。又命令和仲，居住在西方的昧谷。敬谨地饯别落下的太阳。使人民从事秋收的工作。（这时）夜间和白昼一样长短，傍晚虚星出现在正南方。（依据这种景象）来确定仲秋时节（秋分）。（这时）人民喜悦；鸟兽都生出新毛来了。再命令和叔，居住在北方的幽都，使人民经营冬天的田园工作。（这时）日短夜长，黄昏之初昴星在正南方出现。（依据这种景象）来确定仲冬时节（冬至）。（这时）人民都要取暖（离开田野，住在家屋里），鸟兽也都长出了柔细的绒毛。帝（尧）说：“啊！你们羲氏与和氏，（测算出）一周年是三百六十六日，要用闰月的办法来确定四季而成就了年岁。”用以制定各官员的职掌（古人取法天时办理政事），于是各种功业就都兴盛起来了。

帝曰：“畴咨若时登庸[1]？”放齐曰：“胤子朱启明[2]。”帝曰：“吁！嚚讼，可乎[3]！”

1 畴,谁。咨,语词。畴咨,犹言谁哉:吴氏《尚书故》说。若,顺。时,天时。登,成。庸,功。此言谁能顺天时成就功业,意谓何人可继天子之位也。

2 放齐,尧臣名。胤,嗣。朱,尧子丹朱。启明,开明。

3 嚚(yín),口不道忠信之言为嚚:义见《左传》。讼,争论。

译文

天子说:"谁能顺应天时成就功业呢?"放齐说:"嗣子朱很开明。"天子说:"唉!他言论荒谬,又好争论,怎么可以呢!"

帝曰:"畴咨若予采¹?"驩兜曰:"都!共工方鸠僝功²。"帝曰:"吁!静言庸违,象恭、滔天³。"

注释

1 采,事。

2 驩兜,尧臣名。都,叹词。共工,人名。方与旁通,普遍。鸠,聚。僝(zhuàn),具。此言共工多揽事务而具有功绩。

3 静,善。庸,用。象,似。滔,读为"慆(tāo)",怠慢:孙《疏》说。

译文

天子说:"谁能顺利地成就我的事业呢?"驩兜说:"啊!

共工多揽事务而具有功绩。"天子说:"哼!他对于良好的言论总是不赞成;态度似满恭谨,其实对天也是怠慢不敬的。"

帝曰:"咨!四岳[1]。汤汤洪水方割,荡荡怀山襄陵,浩浩滔天[2]。下民其咨。有能俾乂[3]?"佥曰:"於!鲧哉[4]!"帝曰:"吁!咈哉!方命圮族[5]。"岳曰:"异哉。试可,乃已[6]。"帝曰:"往,钦哉[7]!"九载,绩用弗成[8]。

注释

1 四岳,四方诸侯之长:杨筠如《尚书核诂》(以下简称《核诂》)说。

2 汤,读为"伤"。汤汤,水流貌。洪,大。方,与旁通,普遍。割,害。并孙《疏》说。荡荡,广大貌。怀,包。襄,上。浩浩,广大貌。滔,漫。

3 其,乃:《释词》说。咨,嗟叹。俾,使。乂(yì),治理。

4 佥(qiān),皆。鲧,禹父名。

5 咈(fú),甚不然之词:蔡《传》说。方,逆:见《孟子》赵注。圮(pǐ),毁。族,善类:见韦昭《国语·楚语》注;谓善人。

6 异,举:见《说文》。已,古与以通;用也:俞樾《群经平议》(以下简称《平议》)说。

7 往,谓命鲧去治水。钦,敬谨。

8 绩,功。用,以。

译文

天子说:"唉!四位诸侯的首长。滚滚的大水在祸害人民,广大无边，包围了山岭、淹没了丘陵，浩浩荡荡地漫上了老天。民众们都在嗟叹。有没有人能治理它呢？"都说："啊！鲧呀！"天子说："哼！他反抗上级的命令，摧残好人。"四位诸侯的首长说："推举他吧！试试他，（如果）可用，再任用他好了。"天子（对鲧）说："去吧，要谨慎啊！"过了九年，并没做出什么功绩。

帝曰："咨！四岳。朕在位七十载，汝能庸命，巽朕位[1]。"岳曰："否德忝帝位[2]。"曰："明明扬侧陋[3]。"师锡帝曰："有鳏在下，曰虞舜[4]。"帝曰："俞，予闻[5]；如何？"岳曰："瞽子，父顽，母嚚，象傲；克谐，以孝烝烝，乂不格奸[6]。"帝曰："我其试哉。"女于时，观厥刑于二女[7]。厘降二女于妫汭，嫔于虞[8]。帝曰："钦哉！"

注释

1　庸命，用命。巽，让。

2　否（pǐ），恶。忝，辱。

3　明明，上"明"字为动词，下为名词；言显扬明哲之人。扬，举。侧陋，微贱之人：蔡《传》说。

4　师，众。锡，献。无妻曰鳏。下，谓民间。郑玄云（见《正义》）："虞，氏；舜，名。"

5　《尔雅》："俞，然也。"语气词。闻，言曾闻其人。

6　瞽（gǔ），盲。舜父瞽叟，目盲。顽，愚。象，舜异母弟。傲，傲慢不恭。克，能够。谐，和。烝烝，厚美貌；谓孝德之盛：《述闻》说。乂，治；谓自治。不，当读为"丕"；语气词。格，感。奸，恶；指舜之父母及弟。

7　第一女字衍文：《核诂》说。于时，于是。刑，与"型"

通，仪法。二女，尧之二女，相传为娥皇、女英：见《列女传》。

8　厘，饬令。降，谓下嫁。妫，水名，在今山西永济县南。汭（ruì），河流曲处之内侧；或以为水名。嫔，嫁。

译文

天子说："啊！四位诸侯的首长。我在帝位已经七十年了，你们能够听从我的命令，把我这帝位就让给你们吧。"四位诸侯首长说："我们品德恶劣，会污辱了帝位。"天子说："那么就显扬高明的人，纵使出身微贱的，也要推举他。"四位诸侯首长就向天子贡献意见说："有一个还没结婚的人在民间，名叫虞舜。"天子说："嗯，我曾听说他，他到底怎样？"四位诸侯首长说："他是盲人的儿子，他的父亲很糊涂，母亲谈吐荒谬，弟弟名叫象，又傲慢无礼；而他能够处得非常和谐，很美满地尽了孝道，能修身自治而感化那些邪恶的人。"天子说："我来试试吧。"于是就借自己的两个女儿来观察舜的品行。便令两个女儿下嫁到妫水的湾里，嫁到虞家。天子说："（你们要）谨慎啊！"

慎徽五典，五典克从[1]；纳于百揆，百揆时叙[2]；宾于四门，四门穆穆[3]；纳于大麓，烈风雷雨弗迷[4]。

注释

1　自此节以下，伪古文以为《舜典》；又于"慎徽五典"上加"曰若稽古帝舜，曰重华，协于帝。浚哲文明，温恭允塞；玄德升闻，乃命以位"二十八字。①徽，善。五典，即五教（父义、

① 编者注："今××"此类的地名，是指注译者在注译本书时通用的地名，与现今的行政区划略有出入。

母慈、兄友、弟恭、子孝）：义见《左传》。从，顺。

2　纳，使进入。百揆，即百官：义见《史记》。下"百揆"，谓百官之职。时，是。叙，有序不乱。

3　宾，读为"傧"，迎导宾客（指诸侯群臣）。四门，国都四面之门。穆穆，敬也。

4　麓，山足；林木畅茂处。烈，暴疾。迷，谓迷失道路。

译文

（舜）能谨慎地将五种伦理做得完善，于是五种伦理都为人民所顺从；使舜担任各种官职，各种职务都办得有条不紊；使他去国都四面的城门招待宾客，四门的宾客都肃然起敬；使他进入大山下畅茂的森林里，遇到大风大雷大雨，他也不迷路。

帝曰："格汝舜[1]！询事考言，乃言厎可绩，三载；汝陟帝位[2]。"舜让于德，弗嗣[3]。

注释

1　格，告：吴氏《尚书故》说。

2　询，谋。考，察。乃，汝。厎（dǐ），致。绩，功。厎可绩为"可厎绩"之倒文。《禹贡》之厎绩、厎定、厎平，《孟子》之厎豫皆可证；《皋陶谟》之可厎行，尤其明证：《核诂》说。陟，登。

3　德，指有德之人。弗嗣，不继承帝位。

译文

天子说："告诉你舜！我和你讨论政事而考察你的言论，你

的建议都可以建立功业，至今已三年了；你登上帝位来吧。"舜
让给有德的人，不肯继承帝位。

正月上日，受终于文祖[1]。在璇玑玉衡，以齐七政[2]。肆类于
上帝，禋于六宗，望于山川，遍于群神[3]。

注释

1　正月，谓尧之正月；尧正建丑，舜正建子：郑玄有此说
（见《正义》）。《述闻》云："上日，谓上旬吉日。"受终，
言受尧既终之帝位。文祖，《史记》以为尧太祖。按：文祖、文
考、文母、前文人等，乃周人习惯用语，指亡祖、亡父等而言。
此谓尧太祖之庙。

2　在，察。璇（xuán），美玉。玑（jī），浑天仪。衡，浑天
仪中观察星宿之横筒。以上见马融说（见《正义》）。七政，日月
五星：郑玄说（见《史记集解》）。按：齐，正也；谓定准。

3　肆，遂。类，祭天之名。禋（yīn），祭名；置牲于柴上
而燎之，使其香味随烟而上达：王国维说；见所著《雒诰解》。
宗，尊。六宗，天地四时：马融说（见陆德明《经典释文》，以
下简称《释文》）。望，祭山川之名。遍，谓遍祭之。

译文

正月上旬的吉日，舜在尧太祖的庙堂里接受尧禅让的帝位。
他用（美玉做成的）浑天仪中的玉横筒，观察天象，来定准日月
星辰运行的法则。于是祭祀上帝，用禋燎的礼节来祭祀天地四
时，用望祭的礼节来祭祀山川的神灵，又普遍地祭祀了群神。

辑五瑞[1]，既月乃日，觐四岳群牧，班瑞于群后[2]。岁二月，东巡守，至于岱宗，柴；望秩于山川[3]。肆觐东后[4]。协时、月，正日；同律、度、量、衡[5]。修五礼，五玉，三帛，二生，一死，贽[6]。如五器，卒乃复[7]。五月，南巡守，至于南岳[8]，如岱礼。八月，西巡守，至于西岳[9]，如初。十有一月，朔巡守，至于北岳[10]，如西礼。归，格于艺祖，用特[11]。五载一巡守，群后四朝[12]；敷奏以言，明试以功，车服以庸[13]。

注释

1 辑，合。五瑞，诸侯所执玉器，以为符信者；即《周礼·春官·典瑞》所谓"公执桓圭，侯执信圭，伯执躬圭，……子执谷璧，男执蒲璧"是也。诸侯始受封，天子赐以圭，而刻识之，以为符信。此谓使诸侯执瑞来朝，以合其刻识，而验其真伪。

2 既月，谓已选定吉月；乃日，谓选择吉日：见《史记》说。觐，见。四岳，见前文。牧，州长。班，还。后，君；谓诸侯。言既合其瑞而还之。《尚书大传》谓：诸侯执所受圭以朝于天子，无过行者，复其圭以归于国；有过行者，留其圭；能改过者，复其圭。

3 巡守，天子往各处巡行。岱宗，泰山；即东岳。柴，祭名，与禋同。此谓祭泰山。秩，次序。言按次序望祭岱宗以外之东方山川。

4 肆，遂。东后，东方诸侯。

5 协，调协之使不乱。时，谓春夏秋冬四时。同，整齐。律，法制。度，丈尺。量，斛斗。衡，斤两。

6 五礼，即吉礼、凶礼、宾礼、军礼、嘉礼。五玉，即五瑞。三帛，三种不同色之丝织品，用以藉垫玉器者。诸侯以五玉为贽以见天子，其玉以帛为垫，其帛则视公侯之爵位，而分三色。二生，羔与雁：卿大夫所执。一死，士所执之雉。贽，初相见时之赠礼。

7　五器，即五瑞。卒，终；谓礼毕。复，反；谓还之。此谓五瑞则还之，他物则否。

8　南岳，衡山。

9　西岳，华山。

10　北岳，恒山。

11　格，谓祭祀。艺，与祢通，父庙也。艺祖，指尧之父庙及祖庙。特，牡牛一只。

12　言舜每五年巡守一次；其间四年，则诸侯分别来朝于京师。

13　敷，普遍。奏，告。言使诸侯普遍以其治术奏告：孙《疏》说。明试以功，谓就其所言，以明试其功效。庸，用。车服以庸，言赐之车服以为之用。

译文

收敛了（来朝的诸侯所持的）五种玉器，已选定吉月，于是又选择吉日，来接见四方诸侯的领袖，及各州的州长，把玉器还给众诸侯。（每逢巡守）那年的二月，（舜）到东方去巡视，到了泰山，举行禋祭；又按顺序遥望而祭祀其他的山川。于是接见东方的诸侯。调协四时、月份，确定日子；统一法制、尺度、斛斗、权衡。修订五种礼法，五种玉器，三种色彩不同的绸子，以及两种活物——小羊和雁，一种死的山鸡，作为初见面时赠送的礼物。像那五种玉器，等典礼完成后，仍还给他们。五月，去南方各国巡视，到了南岳；所行的各种礼节，如同在岱宗时所行的一样。八月，去西方各国巡行，到了西岳；各种礼节，也同之前一样。十一月，去北方各国巡行，到了北岳，所行的礼节和在西岳时相同。回来后，在尧的父庙及祖庙里祭祀祷告，每庙用一头公牛做祭品。每五年巡行各国一次；其他四年，诸侯分别来朝见。朝见时，使诸侯都发表言论；然后就他们的言论，明审地考验他们的功效；（如果政绩很好，）便赏赐他们车马衣服以备享用。

肇十有二州，封十有二山，浚川[1]。

注释

1　肇，开始设置。相传尧时为冀、兖、青、徐、荆、扬、豫、梁、雍九州岛；至舜时又增并、幽、营三州，为十二州。封，封土为坛以祭。十二山，各州（十二州）中最大之山。浚，疏导。

译文

他开始设置了十二个州，筑坛来祭祀十二座大山，疏导各州的河流。

象以典刑[1]。流宥五刑[2]。鞭作官刑，扑作教刑，金作赎刑[3]。眚灾肆赦，怙终贼刑[4]。"钦哉，钦哉！惟刑之恤哉[5]！"

注释

1　象，示；谓指示民众。典，常。

2　蔡《传》云："流，遣之使远去。"宥，宽恕之。五刑，墨、劓、剕、宫、大辟。此指犯五刑之罪人。

3　鞭，鞭笞。作，为。官刑，官府之刑。扑（pū），以夏（木名）楚（木名）挞之。教刑，学校之刑。金，黄金（《正义》以为黄铜）。赎，以金钱赎罪。

4　蔡《传》云："眚（shěng），谓过误。灾，谓不幸。"言无意犯罪者。肆，故。赦，免罪。怙（hù），依恃；此谓怙恶。终，永。怙终，谓永远怙恶不悛。贼，与则通：于省吾《双剑誃尚书新证》说。

5　之，是。恤，忧；意谓顾虑。此二语，乃舜诫诸官之辞。

译文

指示民众以正常的刑法。用流放的刑罚来宽恕犯了五刑的罪犯。鞭打是官府的刑罚，用夏木楚木的刑具责打是学校的刑罚，用金钱（赎罪）是赎罪的刑罚。因无心的过失而不幸犯罪的，那就赦免他；永远怙恶不悛的，那就加以刑罚。"谨慎呀，谨慎呀！对于刑法，你们要顾虑呀！"

流共工于幽洲[1]，放驩兜于崇山[2]，窜三苗于三危[3]，殛鲧于羽山[4]：四罪而天下咸服[5]。

注释

1　流，放逐。洲，《孟子》引作州。幽州，舜十二州之一。《括地志》谓：故龚城（在今河北密云县境），相传为共工被放处。

2　放，流放。驩兜，人名；伪孔《传》谓其党于共工。相传驩兜被放之崇山，在今湖南大庸县西南。

3　窜，迫使逃匿。三苗，种族名。三危，山名；相传在今甘肃敦煌县南。

4 殛，诛责（流放）：孙《疏》说。羽山，有二说：一说在今山东郯城县东北；一说在今山东蓬莱县东南。

5 咸，皆。

译文

于是把共工流放到幽洲，把驩兜流放到崇山，逼迫三苗逃避到三危山，把鲧流放到羽山：对于这四个罪犯（这样处理），天下的人都很佩服。

二十有八载，帝乃殂落[1]，百姓如丧考妣，三载，四海遏密八音[2]。

注释

1 有，同又。《史记》以为尧在位七十年，二十年而老，又八年而崩。殂落，死。

2 百姓，民众。考妣，父母：义见《尔雅》。四海，谓天下。遏，绝。密，静。八音：金、石、丝、竹、匏、土、革、木。此言因尧丧而三年不作乐。

译文

（舜辅佐了尧）二十八年，天子（尧）逝世了，民众如同死去了父母似的悲痛，在三年之中，全国上下都静静地断绝了乐声。

月正元日，舜格于文祖[1]。询于四岳，辟四门，明四目，达四聪[2]。咨十有二牧[3]，曰："食哉，惟时！柔远能迩，惇德允元，而难任人；蛮夷率服[4]。"

注释

1 月正，正月：义见薛综《东京赋》注。相传以为舜正建子之月。元日，善日；即吉日：见《述闻》说。格，谓祭祀。文祖，指舜之祖庙。此言舜祭于祖庙，以告已即天子之位。

2 询，谋。辟四门，谓打开四方城门。聪，听。明四目二句，谓四门既开，见闻益广。四，皆谓四方。

3 咨，询。牧，州长。

4 食哉惟时，言足食之道，在于不违农时：见蔡《传》说。柔，安。能，如。言使远方如近处同样安定，参《述闻》及孙《疏》说。惇（dūn），厚。允，诚然。元，善。难（nàn），阻；拒绝。任，佞。率，用：义见《诗·思文》毛传。

译文

正月吉日，舜在他的先祖庙举行祭祀（报告他已即天子之位）。访问四方诸侯的领袖，打开了四面的城门，对四方所见的更真切，对四方所闻的更周详。又访问十二位州长，说："要解决民生问题，最重要的是注意人民耕作的时令；要安定远方如同安定近处一般；要培养惇厚的品德，使人民真正达到至善的境界；而且要拒绝谄佞的人（不让他们做官）；能够做到这样，野蛮民族也就会服从了。"

舜曰："咨！四岳。有能奋庸，熙帝之载，使宅百揆，亮采惠畴¹？"佥曰："伯禹作司空²。"帝曰："俞咨！禹，汝平水土；惟时懋哉³！"禹拜稽首，让于稷、契暨皋陶⁴。帝曰："俞，汝往哉⁵！"

1　奋，勉。庸，事功。熙，兴。帝，谓尧。载，事。言有无奋勉从事，以兴帝尧之事业者。宅，居。此百揆谓官位：义见《史记》。亮，辅导。采，事。惠，义如语词之"惟"：唐兰有说（见《天壤阁甲骨文存并考释》）。畴，类。

2　佥，指四岳言。司空，旧说以为天子三公之一，掌土地之事。

3　俞，语词。舜赞成四岳之言，故即呼禹而命之。时，是。懋，勉。

4　跪而俯身，以两手抚地曰拜；叩首至地曰稽首。稷，官名，司农事；此谓弃。时天下赖后稷之功，故独以官名称之：郑玄有说（见《正义》）。契、皋陶，二臣名。

5　往哉，谓去担任司空之职。

译文

舜说："唉！四位诸侯之长。有谁能奋勉地工作，振兴尧帝的事业，可以使他处在官位，按照类别去管理各种事务吗？"都说："伯禹可做司空。"天子说："是啊！禹，你曾治理水土；现在你要更加奋勉呀！"禹跪拜并叩头，谦逊地让给稷、契和皋陶来担任这项职务。舜说："好了，还是你去吧！"

帝曰："弃！黎民阻饥[1]。汝后稷，播时百谷[2]。"

注释

1　帝，谓舜。黎，众。阻，厄：郑玄有说（见《诗·思文》正义）。

2 于省吾谓后乃司之反文；后稷，乃司稷也。播，播种。时，与莳同义：郑玄有说（见《诗·思文》正义）。莳，种也。

译文

天子说："弃啊！民众为饥饿所困厄。你主持农业，种植各种谷物。"

帝曰："契，百姓不亲，五品不逊[1]。汝作司徒，敬敷五教，在宽[2]。"

注释

1 百姓，民众。五品，谓父母兄弟子：郑玄有说（见《史记集解》）。逊，顺；融洽。

2 司徒，三公之一，主民政。敬，谨。敷，布；施行。五教，五常之教：父义、母慈、兄友、弟恭、子孝。宽，宽容。在宽，言不加以迫胁。

译文

天子说："契，民众不和睦，父子兄弟等都不融洽。你作为司徒，谨慎地施行五常的教化，宽容而不加以迫胁。"

帝曰："皋陶！蛮夷猾夏，寇贼奸宄[1]。汝作士，五刑有服，五服三就；五流有宅，五宅三居：惟明克允[2]。"

注释

1 猾，侵乱。夏，中国。攻劫曰寇，杀人曰贼，乱由内起曰奸，由外起曰宄。以上本郑玄说（见《史记集解》）。

2　士，狱官之长：马融说（见《史记集解》）。《释词》："有犹为也。"按：为，犹使也。蔡《传》："服，服其罪也。"三就，就三处行刑；参《国语·鲁语》韦昭注。宅，居处。五流有宅，五宅三居，谓流刑虽有五，而其流居之处则只有三也。三处，谓四裔之外，九州岛之外，中国之外：马融说（见《史记集解》）。明，察。允，信。

译文

天子说："皋陶！野蛮民族扰乱中国，攻劫杀人，造成内乱外患。你作为狱官长，施行五种刑罚要使罪犯心悦诚服，犯了五刑而服罪的，就用三处来处罚；五种流刑各有安置罪犯的地方，犯了五种流刑的人有三个地方安置他们：只有刑罚清明，才能够使人信服。"

帝曰："畴若予工？"佥曰："垂哉[1]。"帝曰："俞咨！垂，汝共工[2]。"垂拜稽首，让于殳斨暨伯与[3]。帝曰："俞，往哉；汝谐[4]。"

注释

1　畴，谁。若，顺；谓顺成之。工，工事。垂，人名。

2　俞咨，犹言然哉。共，供；掌管。

3　殳（shū）斨（qiāng）、伯与，二人名。蔡《传》以殳、斨为二人。

4　谐，和；犹言适当。

译文

天子说："谁能顺利地成就我的工事？"都说："垂呀。"天子说："是啊！垂，你来掌管工事。"垂跪拜并叩头，让给殳斨和伯与。天子说："好了，去吧，你很合适。"

帝曰："畴若予上下草木鸟兽？"佥曰："益哉[1]！"帝曰："俞咨！益，汝作朕虞[2]。"益拜稽首，让于朱、虎、熊、罴[3]。帝曰："俞，往哉；汝谐。"

注释

1 上，谓山陵；下，谓原隰。益，人名；即伯益。
2 虞，官名；掌山泽禽兽。
3 朱、虎、熊、罴，四人名。

译文

天子说："谁能顺利地管理我的丘陵原隰的草木鸟兽呢？"都说："益呀！"天子说："是啊！益，你做我的虞官。"益跪拜并叩头，谦逊地让朱、虎、熊、罴担任这项任务。天子说："好了，还是你去吧，你很合适。"

帝曰："咨，四岳！有能典朕三礼？"佥曰："伯夷[1]。"帝曰："俞咨！伯，汝作秩宗。夙夜惟寅，直哉惟清[2]。"伯拜稽首，让于夔、龙[3]。帝曰："俞，往钦哉！"

注释

1　典，主持。马融云（见《史记集解》）："三礼，天神、地祇、人鬼之礼。"皆祭祀之事。伯夷，人名。

2　《史记》"伯"下有"夷"字，是。秩宗，礼官名。寅，敬。直，正直不邪。清，义当如《诗·清庙》之"清"，《诗正义》引贾逵《左传》注所谓："肃然清静"也。

3　夔、龙，二人名。

译文

天子说："喂，四位诸侯之长！有能主持我（祭祀的）三种典礼的吗？"都说："伯夷。"天子说："是啊！伯夷，你做秩宗。无论早晚都要恭敬，要正直而肃静。"伯夷跪拜并叩头，谦逊地要把这项任务让给夔、龙。天子说："好了，还是你去吧，要谨慎啊！"

帝曰："夔，命汝典乐，教胄子[1]。直而温，宽而栗，刚而无虐，简而无傲[2]，诗言志，歌永言，声依永，律和声[3]；八音克谐，无相夺伦[4]：神人以和。"夔曰："於！予击石拊石，百兽率舞[5]。"

注释

1　夔（kuí），人名。胄，长：马融说（见《释文》）。胄子，谓天子及卿大夫等之长子。

2　以上四句，谓：正直而能温和，宽大而能敬谨，刚强而不苛虐，简易（不殷勤）而不傲慢：言以乐陶冶性情，使至此境界。

　3　诗，谓表达意志之歌辞。永，长。歌永言，谓歌声婉转悠长。声依永，谓乐声之曲折高低依此长言。阳声六为律（黄钟、太蔟、姑洗、蕤宾、夷则、无射），阴声六为吕（大吕、应钟、南吕、林钟、仲吕、夹钟），此"律"字统律吕（古时用以定声音高下清浊之器）言之。宫、商、角、徵、羽五声，必中律乃和，故云律和声。

　4　八音，见前注。夺，失。伦，序。

　5　自"夔曰"至"率舞"十二字，乃《皋陶谟》之文，因简乱而重见于此。於（wū），叹词。拊（fǔ），轻击。率，皆。言乐声之和，感及兽类。

译文

　天子说："夔，由你来主持乐律，教导长子。使他们正直而温和，宽大而谨慎，刚强而不苛虐，简易而不傲慢。诗是表达意志的，歌是将语言声调拖长的，乐声要依照着悠长的歌声，用音律的标准来调和乐声；这样，各种音乐都能和谐，就不会失掉了次序（不和谐）；那么神和人听了就都和睦了。"夔说："好啊！我重重地敲打石磬，又轻轻地敲打石磬，连各种兽类都感动得舞蹈起来了。"

　帝曰："龙，朕堲谗说殄行，震惊朕师[1]。命汝作纳言，夙夜出纳朕命，惟允[2]。"

注释

　1　龙，人名。堲（jí），疾恶。谗说，谗言。殄（tiǎn）行，残暴之行：本孙《疏》说。震惊，惊动。师，众。

2　纳言，官名，掌出纳王命。允，信；不诈伪。

译文

天子说："龙，我厌恶（诬蔑贤能的）邪说和残暴的行为，（因为邪说和暴行）惊动了我的群众。现在任命你做纳言之官，不论早晚代我发布命令，并转达下情，一定要诚信。"

帝曰："咨！汝二十有二人[1]，钦哉！惟时亮天功[2]。"

注释

1　稷（弃）、契、皋陶，皆居官久，有功，但美之而不复敕命。初命之禹及垂以下六人，与上十二牧四岳，凡二十二人：马融说（见《史记集解》）。

2　亮，辅导。功，事。天功，符合天意之事功。

译文

天子说："唉！你们这二十二个人，要谨慎呀！要时时想着（来做这）天意注定的事业。"

三载考绩；三考，黜陟幽明；庶绩咸熙[1]。分北三苗[2]。

注释

1　考绩，考核诸官之政绩。黜，贬。陟，升。幽，昏暗之官。明，明哲之官。

2　古文别字作"背"（见《说文》），和"北"字相近。此"北"字应作"别"：惠栋说。此句谓分别三苗使之远去。

译文

每三年考核政绩一次；考核三次后，便将昏庸的官员降级，将明智的官员升级。于是一切功业都振兴起来了。并命令三苗离开故土。

舜生三十征庸，三十在位[1]，五十载，陟方乃死[2]。

注释

1　三十，谓三十岁。征，召。庸，用。三十在位，谓在官位三十年。伪孔《传》谓："历试二年，摄位二十八年。"

2　五十载，谓即位五十年。据伪孔说计之，则舜年一百一十二岁。按：《史记》、郑玄皆谓舜年过百岁；二说既相合，故诸家多疑经文"三十在位"之"三"当作"二"。陟，登；往。方，国：甲骨文习见此义。陟方，往各国巡守也。《史记》谓舜崩于苍梧（今广西苍梧）之野，葬于江南九疑（山名；在今湖南宁远县南）。

译文

舜三十岁那年被尧召用，在官位三（二）十年，在帝位五十年，（后来）在各国巡行时，登上了衡山，并在那里去世。

皋陶谟

谟，谋也。本篇述皋陶与帝舜及禹之谋议，故曰《皋陶谟》。伪古文本分为两篇：自"思曰赞赞襄哉"

以上，谓之《皋陶谟》；"帝曰来禹"以下，谓之《益稷》。

按：本篇文体、习惯用语及思想，皆与《尧典》相似；疑与《尧典》同时（或稍后）著成。孟子云："禹闻善言则拜。"当据本篇"禹拜昌言"之语而言。知本篇之著成，亦当在《孟子》以前。

曰若稽古皋陶，曰："允迪厥德，谟明弼谐¹。"禹曰："俞，如何？"皋陶曰："都！慎厥身修，思永²。惇叙九族，庶明励翼，迩可远、在兹³。"禹拜昌言曰⁴："俞。"

注释

1 允，信。迪，蹈。谟，谋。弼，辅。谐，和。

2 都，叹词。慎厥身修，即慎修其身。思永，谋虑长久之道。

3 惇，厚。叙，次第。九族，见《尧典》。庶，众。明，读为"萌"；萌、甿古通。庶甿，即众民：《平议》说。励，奋勉。翼，辅佐。迩可远，由近可推及远。兹，此道。

4 昌，明。

译文

我们来考察古代的皋陶，（皋陶）说："（天子）要是真能实践美德，处理政务，那么计谋高明而辅佐他的臣子也就都和谐了。"禹说："嗯，到底怎样做呢？"皋陶说："啊！谨慎地修养自己，往长远处着想。厚道地处理家族亲疏的关系，民众就会奋勉地来辅佐你了。由近处可以推及远处，就在于这个道理。"

禹拜谢他的明达之言，说："嗯，不错。"

皋陶曰："都！在知人，在安民[1]。"禹曰："吁！咸若时，惟帝其难之[2]。知人则哲，能官人；安民则惠，黎民怀之[3]。能哲而惠，何忧乎驩兜？何迁乎有苗？何畏乎巧言令色孔壬[4]？"

注释

1 言君主任官贵在知人，为政贵在安民。

2 按：咸，读为"诚"；诚，诚。时，是。帝，谓舜。

3 哲，明智。官，动词，谓任用官吏。惠，爱。黎，众。怀，归附。

4 令，善。孔，甚。壬，佞；谓谄佞不正之人。

译文

皋陶说："啊！（天子的重要任务）在于能认识人才，在于能安定人民。"禹说："哎呀！诚然像你所说的这样，但（真要做到这一步），连舜帝都感到困难啊。能辨识人才就是明智，就能任用官员；能安定人民就是仁爱，民众就都会归附他。既明智而又仁爱，那为什么还怕驩兜？为什么还放逐苗族？为什么还怕那花言巧语又和颜悦色的极谄佞之人呢？"

皋陶曰："都！亦行有九德；亦言其人有德，乃言曰：载采采[1]。"禹曰："何？"皋陶曰："宽而栗[2]，柔而立[3]，愿而恭[4]，乱而敬[5]，扰而毅[6]，直而温[7]，简而廉[8]，刚而塞[9]，强而义[10]；彰厥有常，吉哉[11]。日宣三德，夙夜浚明有家；日严祗敬六德，亮采有邦[12]。翕受敷施，九德咸事；俊乂在官，百僚师师，百工惟时[13]。抚于五辰，庶绩其凝[14]。无教逸欲有邦。兢兢业业，一日二日万几[15]。无旷庶官，天工人其代之[16]。天叙有典，敕我五典五惇哉[17]；天秩有礼，自我五礼有庸哉[18]。同寅协恭和衷哉[19]。天命有德，五服五章哉；天讨有罪，五刑五用哉。政事懋哉懋哉[20]。天聪明，自我民聪明；天明畏，自我民明威[21]。达于上下，敬哉有土[22]！"

注释

1　亦，语词（非承上启下之词）。载，在。采，事。三句意谓：若言其人有德时，当举事实证明曰：在某事某事。

2　见《尧典》注。

3　和柔而能树立（不为外物动摇）。

4　愿，谨。恭，《史记》作共。杨氏《核诂》云："共与供通，言能供职有才能。"此谓谨厚而能供职事。

5　乱，治。此句言有治才而能敬谨。

6　扰，顺。毅，刚果；即不因受挫折而灰心。

7　见《尧典》注。

8　廉，与辨通。此句言性简易（不殷勤）而能辨别是非：本《平议》说。

9　刚健而能笃实。

10　强勇而能合乎义。

11　彰，著；显示。常，谓常度。吉，善。

12　宣，彰明。三德，九德中之三。浚，敬。孙《疏》说："明与孟通；孟，勉也。"有，保有。家，谓大夫所食采邑。此数语指大夫。严，马融读为"俨"（见《释文》）。俨，矜庄貌。祗，敬。六德，九德中之六。亮采，辅导政事。邦，谓诸侯之国。此数语指诸侯。

13　翕，合。翕受，合受九德。敷施，推行。咸，皆。事，从事。自此以下指天子言。《正义》云："马、王、郑皆云：'才德过千人为俊，百人为乂。'"俊、乂，皆官。师师，互相师法。时，善：义见《诗》毛氏传。

14　抚，顺循。古或谓四时为五时；五时，即春、夏、季夏、秋、冬也。抚于五辰，犹言顺乎四时。庶绩，众事功。凝，成：郑玄说（见《正义》）。

15　无，勿。教，使。逸，乐。欲，贪。逸欲，谓逸乐贪欲之人。邦，谓侯国。兢兢，戒慎。业业，危惧。几，音"机"，谓机兆。蔡《传》云："一日二日者，言其日之至浅；万几者，言其几事之至多也。"

16　旷，空。意谓所任非适当之人。庶，众。工，与功通。天功，见《尧典》注。

17　天叙（xù），天所定之伦序；谓五伦。典，常。敕（chì），谨。惇，厚。五惇之五，承五典而言。

18　秩，贵贱之品秩。天秩，天意所定之爵秩。自，遵循。五礼，天子、诸侯、卿大夫、士、庶民之礼：郑玄说（见《正义》）；即自天子以至庶民之礼。庸，常。

19　寅，敬。协，和。衷，善。

20　有德，谓有德之人。五服，依尊卑所定之五等衣服。章，文采。五章，五等文采。五刑，见《尧典》注。刑有五，故言五用。懋（mào），勉。

21　言天所以聪明，由于我民而聪明。意谓民之耳目，即天之耳目。明，谓显扬善人；畏，谓惩罚恶人。威，与畏古通。

22 孙《疏》云："上，谓天。下，谓民。"达，通。此言天人相通。敬，谨。有土，谓有国之君。

译文

皋陶说："啊！人的行为有九种美德；要说那个人有美德，就要以事实为依据。"禹说："什么叫作九德？"皋陶说："宽大而能敬谨，温柔而能树立，谨厚而能办事，有治事的才干而能谨慎，和顺而能刚毅，正直而能温和，简易而能辨别是非，坚强而能诚实，勇敢而能合乎正义。显示了有这九德的常度，那就完美了。能够每天宣明九德中的三种德行，早晚谨慎奋勉，那么大夫就可保有他的采邑；能够每天严肃慎重地实践其中六种德行，去辅导政事，（诸侯）就可保有他的国家。能够完全接受而普遍地施行，对于九种德行都能照着去做，使才德出众的人能有官位，众官员互相效法，那么官员们就都可以达到良善的境界。顺应四时（去施政），各种事业便可成就了。不要使安乐贪欲的人拥有国家（不让他们做诸侯）。要谨慎惶恐，（因为）在一天两天之内，就有成万的事情的先兆发生（等待着处理）。不要旷废了各种官职，天定的事功，人要代为完成。天所定的伦理，有经常的法则，对于五常的法则，我们要厚道地去遵行；天所规定的爵位，有一定的礼法，遵循着我们这五种礼法去做，要经常地维持着。官员相互恭敬，就都和善了。老天任命有德的人做官员，规定了五种不同文采的衣服（表示等级不同）；老天讨伐有罪的，用五种刑法去惩罚犯了五刑的人。对于政事要奋勉啊。上天的聪明，由人民中而来；上天扬善罚恶，由人民的扬善罚恶的意见而决定。天意民意是相通的，应当谨慎啊！有国土的君主们！"

皋陶曰："朕言惠，可厎行¹。"禹曰："俞，乃言厎可绩²。"皋陶曰："予未有知，思日赞赞襄哉³。"

注释

1 惠，顺；谓顺于事理。厎，致。厎行，推行。

2 见《尧典》注。

3 思，惟；语词。赞赞，辅助之貌。襄，辅助。

译文

皋陶说："我的话都顺从天意，可以去推行。"禹说："是的，你的话可以建立功绩。"皋陶说："我没有什么知识，我只是每天勤勉地辅佐（天子）。"

帝曰："来，禹！汝亦昌言¹。"禹拜曰："都，帝！予何言？予思日孜孜²。"皋陶曰："吁！如何？"禹曰："洪水滔天，浩浩怀山襄陵³；下民昏垫⁴。予乘四载，随山刊木。暨益奏庶鲜食⁵。予决九川，距四海；浚畎浍，距川⁶。暨稷播奏庶艰食、鲜食，懋迁有无化居⁷。烝民乃粒，万邦作乂⁸。"皋陶曰："俞，师汝昌言。"

注释

1 帝，谓舜。汝亦昌言，舜命禹亦进明达之言。

2 思，惟；语词。孜孜，行事不倦怠。

3 以上二句，参《尧典》注。

4 昏，没；垫，陷：郑玄说（见《正义》）。

5　四载，车（陆行）、舟（水行）、橇（形似箕，滑行泥上）、楇（山轿，山行）四种乘载之具也：见《史记》。刊，《史记》《说文》并作栞。《说文》云："栞，槎识也。"谓砍斫树木以做认路之记号。奏，进。庶，谓民众。鲜，生；谓鱼鳖之类。时洪水未平，谷物稀少，故以此为民食。

6　决，挖掘。九川，谓弱水、黑水、河、漾、江、沇、淮、渭、洛；详见《禹贡》。距，至。浚，挖深。畎（quǎn）、浍（kuài），皆田间水沟。

7　播，播种。艰，马融本作"根"（见《释文》）。根食，谓谷类之食物。懋，贸易。迁，徙。化，古"货"字。货，卖。居，积贮。

8　烝，众。粒，应作"立"；定也：见《述闻》说。按：作，与则古通，甲骨文常见此用法。乂，治。

译文

天子说："过来，禹！你也说一说你的高见。"禹下拜说："啊，天子！我说些什么呢？我只是整天勤勉不倦地工作罢了。"皋陶说："啊！那你的工作究竟是怎样呢？"禹说："大水弥漫天空，浩浩荡荡地包围了山岭，淹上了丘陵，人民都沉陷在水中了。我乘坐着四种交通工具，顺着山岭砍伐树木来做指路标，和益送给民众活鱼鳖之类的食物。我领导民众疏通了九个系统的河流，使它们流到四海；挖深了田间的水沟，使它们通到河流。（水退后）和稷播种谷物，给民众以谷物和鱼鳖等食物，让人民发展贸易，将各地有余货物转运到缺货的地方，售卖或者囤积。这样，民众就都安定了，天下所有诸侯国也就都太平了。"皋陶说："是的，我要效法你这明达之言。"

禹曰："都，帝！慎乃在位¹。"帝曰："俞。"禹曰："安汝止，惟几惟康，其弼直；惟动丕应²。傒志以昭受上帝，天其申命用休³。"

注释

1　乃，汝。

2　止，处所；职责。郑玄云（见《史记集解》）："安汝之所止，无妄动。"几，读如上文万几之几。康，安。弼，辅。直，德之坏字：江声及孙《疏》皆有说。其弼直，言以有德者为辅佐。丕，语词。丕应，言有所动作，则臣民应之。

3　《史记》释傒志为"清意"；孙《疏》谓虚心平意以待。昭，明。受上帝，谓受上帝之命。其，将会。申，重。用，以。休，读为"庥"，福祥也。

译文

禹说："啊，天子！你在天子之位也要谨慎啊。"天子说："是啊。"禹说："安于你的职责，要能注意到事情的先兆，（国家）才能安康；要用有德的人来辅佐你。这样，只要（你）有所动作，大家就会响应。要平心静气地明智地接受上帝的命令，那么老天就会一再地赐给你福祥的。"

帝曰："吁！臣哉邻哉！邻哉臣哉¹！"禹曰："俞。"帝曰："臣作朕股肱耳目。予欲左右有民，汝翼²；予欲宣力四方，汝为³；予欲观古人之象，日、月、星辰、山、龙、华虫、作会，宗彝、藻、火、粉米、黼、黻、絺绣，以五采彰施于五色，作服，汝明[4]；予欲闻六律、五声、八音，在治忽，以出纳五言，汝听[5]。予违，汝弼；汝无面从，退有后言[6]。钦四邻，庶顽谗说，若不在时，侯以明之，挞以记之；书用识哉，欲并生哉[7]。工以纳言，时而飏之；格则承之庸之，否则威之[8]。"

注释

1　邻，亲；谓亲近之人：吴氏《尚书故》说。

2　左右，与佐佑同，辅助。有，于。翼，辅佐。

3　宣，用。

4　观，显示。象，此指象服言。华虫，谓雉。会，绘。言以日、月等作为绘画，以分别绘于上衣。宗彝，饰虎形之彝器。藻，水草之一种。粉米，白米。黼（fǔ），白黑相间之▣▣形花纹。黻（fú），黑青相间之形花纹。绨（chī），读为"黹"，缝。绣，刺绣。言以宗彝等物分别绣于下裳。官爵尊卑不同，故绘绣于衣裳之▣▣花纹亦异。以上本马、郑二家之说。采，谓颜料。彰施，明著。于，为。五色，青、黄、赤、白、黑。汝明，汝成之：吴氏《尚书故》说。

5　在，察。忽，乱。孙《疏》云："五言者，五声之言。"按：谓以宫商角徵羽五声，配信义仁礼智五常；此谓五常之言。听，谓听之审。

6　违，过失。面从，当面听从。后言，背后之言。

7　钦，敬。四邻，谓天子左右之近臣。《大传》谓天子有四邻：前曰疑，后曰丞，左曰辅，右曰弼；未详何据。庶，众。顽，谓顽愚之人。谗说，谓好进谗言之人。时，善。侯，维。明之，使之明善。挞，打。记，孙诒让《尚书骈枝》（以下简称《骈枝》）音为"諰"。諰，诫也；言惩戒之。书，谓去其冠饰，而书其邪恶于背：孙《疏》说。识，谓记其过。欲并生哉，谓欲共同生存，不使陷于杀戮之刑。

8 工，官。纳言，采纳人言，以进告于天子。时，善。飏，举。格，谓改过：蔡《传》说。孙《疏》："承，同丞；进也。"庸，用。威，刑罚。

译文

天子说："啊！臣子就是邻人（亲近的人）！邻人就是臣子！"禹说："是的。"天子说："臣子就是我的大腿、膀臂、耳、目，我要治理民众，你们协助我；我要治理四方（使天下平定），你们去做；我要把古人所规定的象服显示出来，用日、月、星辰、山、龙、雉六种物事，绘在上衣上；用虎形器、水藻、火、白米、白黑相间的形花纹、黑青相间的形花纹六种形象，绣在下裳上；用五种颜料、鲜明地做成五种色彩，做成衣服，你们来做成它；我要听六种乐律、五种声调、八种乐音，借以考察治乱，用来宣布且采纳合乎五常的言论，你们须仔细听清楚。我要是有过失，你们就来辅助（谏正）我，不要当面听从我的话，等退回去而又背后批评。我尊敬我前后左右的近臣。许多糊涂人与专进谗言的人，若是不良善，要使他们明了良善的道理；（如果还不改过，）就打他们一顿来惩戒他们；（或者）脱去他们的上衣，把他们的罪恶写在背上来做标记，这是希望他们能改过自新。官员的任务在于采纳人民的言论（转达天子），人民言论若是纯正的，就荐举他；官员如能改过，就再重用他；不肯改过的，就惩罚他。"

禹曰："俞哉，帝！光天之下，至于海隅苍生，万邦黎献，共惟帝臣[1]。惟帝时举，敷纳以言，明庶以功，车服以庸[2]。谁敢不让，敢不敬应？帝不时敷，同日奏、罔功[3]。无若丹朱傲，惟慢游是好，敖虐是作，罔昼夜頟頟；罔水行舟，朋淫于家：用殄厥世[4]。予创若时。娶于涂山，辛壬癸甲；启呱呱而泣，予弗子，惟荒度土功[5]。弼成五服，至于五千；州十有二师；外薄四海，咸建五长[6]。各迪有功，苗顽弗即工。帝其念哉[7]。"

注释

1　光，广。苍生，黎民。黎，众。献，贤。惟，为。

2　时举，随时举用之。敷，普。明，显扬。庶，众。敷纳以下三句，参《尧典》注。

3　让，让于贤人。时敷，谓随时敷纳以言。奏，进；谓进用臣下。罔，无。

4　丹朱，尧子。慢，惰慢。敖，戏乐。虐，读为"谑"，戏谑：孙《疏》说。作，为。頟（é），不息貌：伪孔《传》说。罔水行舟，谓陆地行舟。朋，群。殄（tiǎn），绝。世，世代。

5　创，惩戒。若时，如是；谓丹朱所行。涂山，山名，有四，以在今安徽怀远者为近理。辛壬癸甲，伪孔《传》云："辛日娶妻，至于甲日，复往治水。"说本《吕氏春秋》，姑从之。启，禹子。呱（gū）呱，啼声。子，爱养。荒，大。度，谋。土功，平治水土之事。

6　弼，辅。五服：甸、侯、绥、要、荒；详见《禹贡》。五千，五千里。环王城之外，每五百里为一服；东西、南北相合，各五千里。八家为邻，三邻为朋，三朋为里，五里为邑，十邑为都，十都为师；州十有二师：见《尚书大传》说。外，谓九州岛之外。薄，迫近。九州之外，每五国立一长，谓之五长。

7 迪，顺。有，于。功，事。即，就。念，顾虑。

译文

禹说："是啊，天子！你的光辉照耀天下，海内的黎民，所有国家（诸侯之国）的贤良之人，都是天子的臣子。天子要随时举用他们，普遍地采纳他们的言论，按照功劳来提拔众人，而且赏赐他们车子衣服以备享用。这样，谁敢不谦让？谁敢不恭敬地响应天子的号召呢？天子如果不能随时普遍地采纳他们的言论，那么纵使同一天进用许多贤明官员，对于国家也没有什么功绩。不要像丹朱那样傲慢不敬，只喜爱怠惰地游玩，只是戏谑作乐，他无昼无夜不停地（享乐）；在无水的陆地行驶船只，成群结队地在家里淫乱，因而断绝了他的世代。我以他这样的（行为）为惩戒，所以当我迎娶涂山氏的女儿的时候，辛日结婚，在家过了辛壬癸三天，到甲日就忙着治水去了；后来生了启，在家呱呱地啼哭，我都没有时间去爱护抚养他，只忙着大规模地计划治理水土的事业。辅佐天子成立了五服的制度，（使国土）达到了五千里见方的领域；一州有十二个师；九州以外接近四海边缘的地方，每五国都建立一个首长。所有的人都顺利地从事工作，只有苗人愚昧，不肯去做工。天子啊，你要顾虑到这一点。"

帝曰："迪朕德，时乃功惟叙[1]。皋陶方祗厥叙，方施象刑，惟明[2]。"

注释

1 迪，启导。时，是。乃，汝。叙，与绪同义，此处作就绪解；犹言成就。

2　祗，敬。叙，意谓事业。施，行。象刑，以象征性之刑罚施于犯罪之人。其刑有三：上刑赭衣不缘边，中刑杂屦，下刑用巾蒙面以当墨刑：《大传》说。惟明，能明察。

译文

天子说："我仍要以德教开导他们，全是你的功劳所助成。皋陶正在敬谨地从事他的事业，正在施行象征性的刑法，（他行刑）是很明察的。"

夔曰戛击鸣球，搏拊琴瑟以咏，祖考来格[1]；虞宾在位，群后德让[2]。下管鼗鼓，合止柷敔，笙镛以间；鸟兽跄跄[3]。箫韶九成，凤凰来仪[4]。夔曰："於！予击石拊石，百兽率舞。庶尹允谐[5]。"

注释

1　曰，《史记》解释为"于是"；是此"曰"字当与"爰"同义：孙《疏》说。朱骏声《尚书古注便读》（以下简称《便读》）云："戛（jiá），刮也。"鸣球，玉磬。搏，重击。拊，轻击。咏，歌。祖、考，谓祖与父之灵。神降临曰格。

2　虞宾，谓丹朱。丹朱，尧之后，为虞舜之宾。在位，谓来助祭，在其助祭之位。群后，众诸侯。德让，推让有德者居尊位。

3　下，谓堂下之乐。管，笙属。鼗，长柄、两耳、摇动作声之小鼓。合，谓合乐。止，谓止乐。柷、敔，二乐器名。击柷所以节乐，击敔所以止乐。镛，大钟。间，代。跄（qiāng）跄，舞动貌。

4　郑玄云（见《正义》）："箫韶，舜所制乐。"乐一终为一成。九成，九奏也。按：仪，匹也；配合也。

5　夔曰以下十二字见《尧典》注。庶，众。尹，正；官长。谐，和洽。

译文

　　夔于是刮着或敲着玉磬，重重地或轻轻地敲弹琴瑟以（伴着）歌唱，祖先和父亲的神灵都降临了，虞舜的客人（丹朱）在陪祭的席位，众诸侯则以品德（高下为理由）来互相让位。堂下的乐器有笙类及小摇鼓，调和节拍的柷和用以止乐的敔，笙与大钟轮流地演奏着，鸟兽都（在乐声中）舞动起来了。箫韶的乐曲演奏了九节，凤凰都（鸣叫着）配合乐声。夔说："啊！我重重地敲打石磬，又轻轻地敲打石磬，各种兽类都舞蹈起来，众官长都真能融洽了。"

　　帝庸作歌，曰："敕天之命，惟时惟几¹。"乃歌曰："股肱喜哉，元首起哉，百工熙哉²。"皋陶拜手稽首，飏言曰："念哉！率作兴事，慎乃宪，钦哉！屡省乃成，钦哉³！"乃赓载歌曰："元首明哉，股肱良哉，庶事康哉⁴！"又歌曰："元首丛脞哉，股肱惰哉，万事堕哉⁵！"帝拜曰："俞，往钦哉⁶！"

注释

　　1　庸，用。敕，谨慎。惟时惟几，谓把握时机。以上二语非歌辞。

　　2　股肱，谓臣。元首，谓君。百工，百官。按：喜，乐。起，兴起；奋发。熙，和。

　　3　飏，扬；高声。念，顾虑。率，用。兴事，盛事。宪，法。钦，敬谨。省，察。成，成功。

4　赓，续。载，为。庶，众。康，安。

5　丛脞，伪孔《传》云："细碎无大略。"堕，废。

6　往，谓自今以后。

译文

　　天子因而作了一首歌，且说："谨慎地按照天的命令行事，做事要把握时机。"于是唱道："大臣们（如果都）高兴啊，国王就奋发了啊，所有的官员们也就都融洽了啊。"皋陶跪拜并且叩头大声说："要注意呀！用以从事盛大的事业，（必须）慎重对待你的法制，要谨慎行事呀！屡次检讨（你的所作所为），才能成功，要谨慎呀！"于是继续作了一首歌说："国王（如果）明哲啊，大臣们就贤良啊，一切事业就都安定了啊！"又唱道："元首（如果）专管琐务忽略大事啊，大臣们就都懈怠啊，一切事业就都荒废了啊！"天子行礼答谢说："嗯，不错，从今以后要谨慎行事呀！"

禹贡

　　《广雅》云："贡，献也。"又云："税也。"是田赋及进献方物，皆谓之贡。本篇标题"贡"字，即兼贡献方物及田赋而言。按：本篇言梁州贡铁、镂。而吾国在西周以前，尚未有铁器之应用，故本篇当为东周以来之作品。然篇中不言四岳、五岳，言六府不言五行，且邹衍大九州岛之说，必当在本篇传世之后。以此证之，本篇之著成，或不至迟至战国之世。且哀公九年《左传》，言吴"城邗沟，通江淮"。而本篇言扬州贡道云："沿于江海，达于淮泗。"是本篇著成时，尚无邗沟，然则本篇盖成于春秋时也。

禹敷土，随山刊木，奠高山大川[1]。

注释

1 敷，治；说见孙《疏》。土，土地。刊，《汉书·地理志》引作栞：义见《皋陶谟》注。奠，定。

译文

禹治理土地，顺着山岭砍削树木（作为指路标），并负责为高山大河命名。

冀州：既载壶口，治梁及岐[1]。既修太原，至于岳阳[2]。覃怀底绩，至于衡漳[3]。厥土惟白壤，厥赋惟上上错，厥田惟中中[4]。恒、卫既从，大陆既作[5]。岛夷皮服[6]。夹右碣石入于河[7]。

注释

1 旧说尧都冀州，故本篇言九州岛始于冀州。载，始。壶口，山名；在今山西吉县西南。梁，山名。杨守敬谓成公五年《公羊传》所称梁山，在今陕西韩城县北与山西河津县之间。岐，山名，即狐岐山；在今山西介休县。

2 修，治。太原，地名，即大原；当在山西荣河、闻喜之间：见王国维《鬼方昆夷猃狁考》说。岳，太岳，即霍山，在今山西霍县东南。

3　覃怀，地名，在今河南武陟县。厎，致。绩，功。衡，与横古通。郑玄云（见《史记集解》）："衡漳者，漳水横流入河。"今河北阜城县，为故漳水入黄河处。

4　壤，柔土无块。赋，田税。上上，九等中第一等。错，杂，谓杂出二等之税。中中，第五等。蔡《传》谓：九州岛九等赋税，皆每州岁入总数，以多寡而为九等，非以是等田，而责其是等赋也。又谓：冀州，天子封内之地，不需贡篚，故独不言贡篚。

5　恒，水名；源出恒山。卫，水名；出今河北灵寿县。从，顺。大陆，泽名，在今河北平乡县。作，耕作。

6　岛，《史记》《汉书·地理志》《大戴礼·五帝德》及马、郑俱作鸟。郑玄云（见《史记集解》）："鸟夷，东北之民，赋（搏）食鸟兽者。"皮服，言其俗以皮为服。

7　碣石，山名；众说纷纭，然以为当在今河北昌黎境者较多。蔡《传》："冀州北方贡赋之来，自北海入河（按：古黄河在今天津东入海），南向西转，而碣石在其右；转屈之间，故曰夹右也。"

译文

冀州：（治理的工作）从壶口山开始，然后去治理梁山和岐山。已经修理好了太原地带，一直治理到岳山的南面来。覃怀地带经施工后已取得了绩效，便到横流的漳水这一带来。（冀州的）土壤是白色而柔细的，所纳的田税是第一等杂着第二等，它的田地是第五等。恒水、卫水既已顺流而下了，大陆泽一带已可耕作了。鸟夷的人都穿着皮衣服（这是记述鸟夷的风俗和别处不同）。（运输贡物的船只从海里来，）从右边的碣石山进入黄河里。

济河惟兖州[1]：九河既道，雷夏既泽，滩、沮会同；桑土既蚕，是降丘宅土[2]。厥土黑坟。厥草惟繇，厥木惟条[3]。厥田惟中下，厥赋贞[4]。作十有三载，乃同[5]。厥贡漆丝，厥篚织文。浮于济、漯，达于河[6]。

注释

1 济，水名；本作泲。河，黄河。兖，一作沇。此言兖州之域，在泲、河二水之间。

2 九河，古者黄河下游分为九道，各有专名，即徒骇、太史、马颊、覆釜、胡苏、简、洁、钩盘、鬲津；谓之九河。《述闻》云："道，通也。"雷夏，泽名，即雷泽；在今山东濮县东南。既泽，既已成泽。滩、沮，二水名，汇流入雷泽。会同，犹言汇合。桑土，宜桑之土。既蚕，既已养蚕。是，于是：《释词》说。宅，居。土，谓平地。

3 坟，肥。繇，茂。条，长。

4 中下，第六等。贞，当。禹治九州岛之水，兖州最后毕功，于次为第九；此谓赋亦第九等，与州之次相当：见伪孔《传》说。

5 同，言与他州同。兖州下湿，故费时特多。

6 篚，筐属。古者币帛之属，盛以筐篚而贡。织文，锦绮等丝织品。浮，谓舟行水上。济，当作泲。漯，当作灛，水名；以黄河为源，出于今河南浚县，东北流至山东高苑县入海。达于河，意谓可由黄河以至冀州。

译文

济水和黄河之间这一带是兖州：（在这区域中）黄河下游的九条支流都已疏通了，雷夏泽也已汇成湖泽了。滩水、沮水已共同流入了雷夏泽；可种植桑树的地带，都已养蚕了，于是人们都从丘陵搬下来，居住在平地上。这里的土壤黑而肥美，这里的草非常茂盛，这里的树木长得枝干修长。这里的田地是第六等，它的赋税与这州完工的次第相当（第九等）。经营了十三年，才和别的州相同。这里所进贡的是漆、丝，以及用筐子盛着的花绸。（运输贡物的船只）由济水、漯水航行而来，转入了黄河（再由黄河到达冀州）。

海岱惟青州[1]：嵎夷既略，潍淄其道[2]。厥土白坟；海滨广斥[3]。厥田惟上下，厥赋中上。厥贡盐、𫄨，海物惟错，岱畎丝、枲、铅、松、怪石[4]。莱夷作牧[5]。厥篚檿丝[6]。浮于汶，达于济[7]。

注释

1　岱，泰山。言青州之域，东至海，西至泰山。

2　嵎夷，地名：见《尧典》注。略，治：孙《疏》说。潍，水名，源出今山东莒县，由昌邑入海。淄，水名，源出今山东莱芜县，由寿光县入海。道，通。

3　斥，谓斥卤之地；咸土可煮盐者。

4　𫄨（chī），细葛布。海物，海产。错，杂；言非一种。畎，谷。枲，麻。

5　莱夷，东夷之一，在今山东黄县境。作，则。牧，放牧牲畜。

6　檿，山桑。檿丝，食山桑之蚕之丝。

7　汶，水名，源出今山东莱芜县；西南流，古入济，今入运河。

译文

海和泰山之间的地带是青州：嵎夷地带已经治理了，潍水、淄水也已疏通了。这里的土壤白而肥美，海边有广大且可煮盐的咸地。这里的田地是第三等，这里的赋税是第四等。这里所进贡的有盐、细葛布，及各种海产，还有泰山山谷中所出的丝、麻、铅、松和奇怪的石头。莱夷的地带也能够放牧牲畜了。这里用筐子盛着进贡的东西是山桑蚕所吐的丝。（进贡的船只）由汶水漂浮而来，到达济水（再由济水入黄河而到达冀州）。

海岱及淮惟徐州[1]：淮、沂其乂，蒙、羽其艺；大野既猪，东原底平[2]。厥土赤埴坟。草木渐包[3]。厥田惟上中，厥赋中中。厥贡惟土五色，羽畎夏翟，峄阳孤桐，泗滨浮磬，淮夷蠙珠暨鱼；厥篚玄纤、缟[4]。浮于淮、泗，达于河[5]。

注释

1　言徐州之域，东至海，北至岱，南至淮水。

2　淮，水名，详见下文导水节。沂（yí），水名，俗名大沂河，源出今山东蒙阴县，南流至今江苏邳县入泗（泗水此段，今为运河）。乂，治。蒙，山名；在今山东费县。羽，山名；在今山东郯城。艺，治也：义见《广雅》。大野，泽名；在今山东巨野县。猪与潴同义，水所停聚也。东原，地名；跨有今山东东平、泰安二县之地。底，致。平，定。

3　埴，黏土。渐，草相包裹而同长。包，与苞古通，茂盛。

4　旧说五色土所以为大社（王者之社）。按殷墟出土之物，有所谓花土者，为墁墓壁之用。此五色土，盖为圬墁墙壁之用者。夏翟，雉；其羽五色。峄（yì），山名；在今山东峄县。阳，山南。孤桐，孤独生长之桐。桐，可为琴瑟。泗，水名；源出今山东泗水县，本由今江苏清河县入淮，后下流为运河所夺。浮磬，谓浮着土中之石可以为磬者。淮夷，国于淮河下流之夷。蠙，可以生珠之蚌。蠙珠，蠙蚌所生之珠。玄，谓黑缯（丝织品）。纤，细。缟，谓白缯。

5　河，《汉书·地理志》及《说文》皆作菏。菏，水名。按：淮泗皆不通于河，而泗通于菏，菏通于济，济复通于河。故此"河"字应作"菏"：元金履祥、清阎若璩并有说。

译文

海、泰山和淮水之间的地带是徐州：淮水、沂水都已经修治了，蒙山、羽山也都治理了；大野泽也已为水停聚而成为湖泽，东原地带也都平定了。这里的土壤是红色黏性而且肥美。草木都互相包裹着，长得非常茂盛。这里的田地是第二等，这里的赋税是第五等。这里所进贡的是五色土，羽山山谷中所产的雉，峄山南面所产独生的桐木，泗水之滨浮在土上可用以做磬的石头，淮水下游一带所产的蚌珠及鱼类，用筐子盛着进贡的有细致的黑绸和白绸。（进贡的船只）由淮水和泗水漂浮而来，转入菏水（再由菏水转入济水，然后到达黄河）。

淮海惟扬州[1]：彭蠡既猪，阳鸟攸居；三江既入，震泽底定[2]。篠簜既敷。厥草惟夭，厥木惟乔[3]。厥土惟涂泥。厥田惟下下，厥赋下上、上错[4]。厥贡惟金三品，瑶、琨、篠簜，齿、革、羽、毛惟木[5]。岛夷卉服[6]。厥篚织贝；厥包橘、柚，锡贡[7]。沿于江海，达于淮泗。

注释

1　言扬州之域，北至淮，东南至海。

2　彭蠡，泽名，即今鄱阳湖。阳鸟，鸿雁之属。攸，所。三江之说，尚无定论。《汉书·地理志》谓：北江在毗陵（今江阴）北，东入海。南江在吴（今吴县）南，东入海。东江出今芜湖西南，东至阳羡（今宜兴）入海。姑从之。入，谓入海。震泽，泽名；即太湖。

3　篠，小竹。簜，大竹。敷，布；谓布于地上。夭，幼嫩而美好。乔，高而上竦。

4　涂，泥。厥赋下上上错，谓赋第七等，而杂出第六等。

5　金三品，郑玄以为铜三色（见《正义》）。孙《疏》以为青白赤三色。瑶，美玉。琨，美石。齿，谓象齿。革，兽皮。羽，鸟羽。毛，当作旄；谓旄牛尾：《核诂》申伪孔《传》说。《史记·夏本纪》《汉书·地理志》均无"惟木"二字；江声以为衍文。《释词》谓此"惟"字"犹与也；及也"。兹从《释词》说。

6　岛夷，《史记》同，《汉书·地理志》作鸟。按：在冀州者为鸟夷，此当为岛夷。岛夷，盖谓东南海岛之夷。卉服，草服。此语亦记异俗，与鸟夷同例。

7　织贝，旧说以为贝锦。按：今台湾山胞，有以极小之贝，以线串连之，织以为巾者；盖即织贝也。包，包裹。《核诂》云："锡与贡古义略同。"则锡贡犹言进贡。

译文

淮水和东海之间的地带是扬州：彭蠡泽已汇成了湖泽，是（冬天）大雁居住的地方；三条江水既已流入海中，震泽也平定了。大大小小的竹子已经遍布各地。这里的草柔嫩又美好，树木都是高耸的。这里的土壤都是泥土。这里的田地是第九等，它的赋税是第七等，又间杂第六等。这里进贡的是三种颜色不同的铜和美玉、美石、小竹子、大竹子、象牙、兽皮、鸟羽、旄牛尾以及木材。东南海岛的夷人都穿着草编的衣服。这里用筐子盛着进贡的是用小贝织成的巾布，打起包来进贡的是橘子和柚子。这些贡品顺着江和海而到达淮水、泗水。

荆及衡阳惟荆州[1]：江、汉朝宗于海，九江孔殷，沱潜既道，云土梦作乂[2]。厥土惟涂泥。厥田惟下中，厥赋上下。厥贡羽、毛、齿、革惟金三品，杶、榦、栝、柏，砺、砥、砮、丹[3]，惟箘、簵、楛，三邦厎贡厥名[4]。包匦菁茅；厥篚玄、纁、玑组；九江纳锡大龟[5]。浮于江沱潜汉，逾于洛，至于南河[6]。

注释

1　荆，山名，在今湖北南漳县。衡阳，衡山之南。言荆州之域，北至荆山，南至衡山之南。

2　诸侯春见天子曰朝，夏见曰宗；此借以喻水之以小就大。蔡《传》谓九江为：沅、渐、元（当作无：胡渭说）、辰、叙、酉、澧、资、湘九水（皆入洞庭湖），兹从之。孔，甚。殷，多。沱，水名，在今湖北枝江县入江。潜，《史记》作涔，水名：《便读》疑其当在今湖北潜江县。云、梦，二泽名；云在江北，梦在江南：王鸣盛《尚书后案》有说。云土梦，或作云梦土。宋太宗据古本改为云土梦：见《梦溪笔谈》。云土，谓云泽旁已见土。作，则。乂，治。

3 枟，木名；可为车辕。榦，柘木。栝，桧木。砺，粗磨石。砥，细磨石。砮，石名；可为矢镞。丹，红颜料。

4 箘、簵（lù），皆美竹名。楛（hù），木名；可为矢干。三邦，近泽之三国，其名未详。厎，致。贡厥名，《便读》谓贡其有名之善材。

5 匦，缠结。菁茅，茅之有毛刺者；宗庙祭祀时，用以滤酒。纁，浅绛色缯（见前解）。玑，小珠。玑组，当是以细丝绳贯小珠成串者。江声《尚书集注音疏》有说。大龟，所以为卜。

6 洛，应作雒。雒水出今陕西洛南县，流经洛阳，至今巩县入河。洛乃另一水，在渭北。后世多以雒为洛，误。逾，越过。江沱潜汉，皆不通雒，故言逾。黄河自潼关以东东流之一段，古谓之南河。

译文

北到荆山，南到衡山之南，这一地带是荆州：江水、汉水（都经过这里）向东流入大海了，九条江（显得）很多地（在一个区域），沱水、潜水已经疏通了，云泽旁边已有土地，梦泽也已治理好了。这里的土壤是泥土。这里的田地是第八等，它的赋税是第三等。这里所进贡的是鸟羽、旄牛尾、象牙、兽皮及三种颜色的铜，枟、柘、桧、柏等树的木料，粗磨石、细磨石、砮石和丹砂，唯有箘竹、簵竹、楛木，是由湖泽附近的三国进贡的最有名的木料；包裹着且用绳子缠结着进贡的是菁茅；用筐子盛着进贡的是黑绸、浅绛色的绸子和珍珠串；九江这一带进贡的是大龟。进贡的船只由江水、沱水、潜水、汉水漂浮而来，越过（陆地）到雒水，而到达南河。

荆河惟豫州[1]：伊、洛、瀍、涧，既入于河，荥波既猪，导菏泽，被孟猪[2]。厥土惟壤，下土坟垆。厥田惟中上，厥赋错上中[3]。厥贡漆、枲、絺、纻，厥篚纤纩，锡贡磬错[4]。浮于洛，达于河。

注释

1　言豫州之域，南至荆山，北至黄河。

2　伊，水名；源出今河南卢氏县，至洛阳入雒。洛，应作雒，见前注，下文浮于洛之洛，同。瀍，水名；源出今河南孟津县，至偃师入雒。涧，水名；源出今河南渑池县，至洛阳入雒。河，黄河。荥波，泽名；已湮，故迹在今河南荥泽县。菏，泽名；已湮，故迹在今山东定陶县。被，及也。孟猪，泽名，即孟诸；在今河南商丘县。

3　垆，黑色硬土。错上中，谓赋第二等，又杂出第一等。

4　纻，麻属。纤，细。纩，絮。锡贡，犹纳锡。错，磨石；磬错，可磨磬之错。

译文

荆山黄河之间的地带是豫州：伊、雒、瀍、涧四条水已经通通流入了黄河，荥波泽已经汇成了湖泽，又疏导了菏泽，并疏导至孟猪泽。这里的土壤是柔软而细致的，低洼地带的土壤是肥沃的黑色硬土。这里的田地是第四等，它的赋税是第二等，又杂出第一等。这里进贡的物产有漆、麻、细葛布、纻麻，这里用筐子盛着进贡的是纤细的丝絮，（此外还）进贡可以磨磬的磨石。进贡的船只由雒水航行而来，然后到达黄河。

华阳黑水惟梁州[1]：岷、嶓既艺，沱、潜既道，蔡蒙旅平，和夷底绩[2]。厥土青黎，厥田惟下上，厥赋下中三错[3]。厥贡璆、铁、银、镂、砮、磬、熊、罴、狐、狸、织皮[4]。西倾因桓是来，浮于潜，逾于沔，入于渭，乱于河[5]。

注释

1 华阳，华山之南。黑水，即金沙江。《禹贡锥指》梁州之黑水，汉时名泸水，唐以后名金沙江。言梁州之域，北至华山之阳，西南至黑水。

2 岷，山名，即汶山，在今四川松潘县。嶓，即嶓冢山，在今陕西宁羌县。艺，治。沱，岷江之支流，在今四川灌县分支，至泸县入江。潜，即嘉陵江之北源，在今四川广元县。此沱、潜二水，与荆州之沱潜，同名异实。蔡、蒙，二山名。蒙山，在今四川雅安县；蔡山，未详所在。旅，导。旅平，言开导平坦：略本《述闻》说。郑玄云（见《水经·桓水注》）："和夷，和上夷所居之地也。和，读曰桓。"按：桓水，殆即今之大渡河。大渡河源出大雪山，上流名大金川；由四川乐山县入岷江。绩，功。

3 黎，黑。下中三错，谓赋第八等，而杂出第七及第九等。

4 璆，马融作镠（见《释文》）；黄金之美者。镂，铁之刚硬者。罴，似熊而大。狸，似狐。织皮，地毯之属：孙《疏》说。

5 西倾，山名；即今青海鲁察布拉山。桓，水名，见前注。沔，即汉水上流。潜不通沔，故言逾。渭，水名，详见下文雍州。沔不通渭，故不言"达"或"至"而言入。正绝流曰乱；此

　　　　　　　　　　　　　　　尚书今注今译

谓渭水横冲入黄河也。

译文

华山南面与黑水之间的地带是梁州：岷山、嶓冢山已治理过了，沱水、潜水已疏导通畅了，蔡、蒙二山已开导得平坦了，桓水一带夷民的居住区也已施工过。这里的土壤青而发黑，这里的田地是第七等，它的赋税是第八等，又杂出第七和第九等。这里所进贡的物产，有精美的黄金、铁、银、刚硬的铁，可做箭镞的砮石、磬石、熊、黑、狐、狸和地毯之类。西倾山的贡物由桓水运来，再航行于潜，越过（陆地到达）沔水，进入渭水，然后横冲入了黄河。

黑水西河惟雍州[1]：弱水既西，泾属渭汭，漆、沮既从，沣水攸同[2]；荆、岐既旅，终南惇物，至于鸟鼠[3]；原隰底绩，至于猪野；三危既宅，三苗丕叙[4]。厥土惟黄壤，厥田惟上上，厥赋中下。厥贡惟球、琳，琅玕。浮于积石，至于龙门西河，会于渭汭[5]。织皮：昆仑、析支、渠搜，西戎即叙[6]。

注释

1　程发轫谓此黑水即今甘肃之党河：见所著《禹贡地理补义》。西河，今山西和陕西之间黄河南北流之一段。此言雍州之域，东至西河，西北至黑水。

2　弱水，即今甘肃张掖河；番名额济纳河。既西，言既已导之西流。泾，水名，源出今甘肃化平县，至陕西高陵县入渭。属，入：马融说（见《释文》）。渭，水名；源出甘肃渭源县鸟鼠山，至陕西潼关入黄河。汭，河流曲处之内侧；此谓渭水北岸。漆、沮，二水名。漆水出今陕西同官县东北大神山，西南流至耀县，与沮水合。沮水出耀县北，东南流合漆水，曰漆沮水，至朝邑入渭。从，顺。沣水，即丰水，源出今陕西宁陕县东北秦岭，至咸阳入渭。攸，语词。《便读》云："同，会合也。"

3　荆，山名，在今陕西富平县；非荆州之荆山。岐，山名；在今陕西岐山县。旅，道。终南，山名，横亘陕西南部，主峰在长安南。惇物，山名；在今陕西武功县南。鸟鼠，山名；在今甘肃渭源县。

4　原，高原。隰，低洼处。猪野，谓荒芜之地；非地名：《核诂》说。三危，山名，见《尧典》注。宅，居；言已有人居住。三苗，见《尧典》注。丕，语词；犹乃。叙，安定。

5　球，美玉。琳，美石。琅玕，石之似珠者。积石，即大积石山，今名大雪山，在青海南境。龙门，山名，凡四；此龙门山在山西河津及陕西韩城之间。龙门西河，谓龙门山间之西河。

6　昆仑，国名；在今甘肃西宁县。析支，国名；在今青海北部至甘肃贵德县界。渠搜，国名；即《汉书·地理志》之渠搜县；在今陕西怀远县北，蒙古额尔多斯右翼后旗。三者皆西戎之国；此言三国贡织皮。即，就。即叙，就绪；犹安定。

译文

黑水与西河之间的地带是雍州：弱水已经往西流了，泾水已流入渭水曲处的内侧（北岸），漆水、沮水都已顺畅地流下去，沣水也与渭水汇合了；荆山、岐山已经开导疏通了，终南山、惇物山，以至鸟鼠山（都已治理过了）；高原及低洼处都施过工了，甚至荒芜之地（也都加以修治了）；三危山一带已可住人，三苗也都安定了。这里的土壤是黄而柔细的，这里的田地是第一等，它的赋税是第六等。这里所贡的是美玉、美石和类似珍珠的石子。这些贡品由积石山下航行而来，到达龙门山间的西河，而汇集在渭水曲处的内侧（北岸）。进贡地毯的，有昆仑、析支、渠搜三国。于是西戎各国都安定了。

导岍及岐，至于荆山，逾于河[1]。壶口、雷首，至于太岳[2]。底柱、析城，至于王屋[3]。太行、恒山，至于碣石，入于海[4]。西倾、朱圉、鸟鼠，至于太华[5]。熊耳、外方、桐柏，至于陪尾[6]。导嶓冢，至于荆山[7]。内方至于大别[8]。岷山之阳，至于衡山，过九江，至于敷浅原[9]。

注释

1 岍（qiān），山名；即今陕西陇县吴岳山。岐，谓雍州之岐山。荆，谓雍州之荆山。河，黄河。

2 雷首，山名；在今山西永济县。

3 底柱，山名；在今河南陕县东北黄河中流。析城，山名；在今山西阳城县。王屋，山名；在山西垣曲县。

4 太行，山名；主峰在山西晋城县。恒，山名，在今河北曲阳县西北，山西浑源县东南。

5 朱圉，山名，在今甘肃伏羌县。太华，即华山，在今陕西华阴县。

6 熊耳，山名；在今河南卢氏县。外方，山名；即嵩山，在今河南登封县。桐柏，山名；在今河南桐柏县。陪尾，山名；在今山东泗水县：胡渭《禹贡锥指》说。

7 荆山，谓荆州之荆山。

8 内方，山名；今名章山，在今湖北钟祥县。大别，山名；

一名鲁山，在今湖北汉阳县东北。

9　衡山，在今湖南衡山县。敷浅原，山名；朱熹、胡渭等以为今庐山。

译文

（治山）从岍山开始，到达岐山，再到荆山，（山脉）越过了黄河。又从壶口山开始，经过雷首山，到达太岳山。再从底柱山开始，到析城山，再到达王屋山。又从太行山开始，到恒山，再到达碣石山，山脉进入了海中。又从西倾山开始，到朱圉山，到鸟鼠山，而后到达华山。再从熊耳山开始，至于嵩山和桐柏山，一直到陪尾山。再从嶓冢山开始，到达（荆州的）荆山。又从内方山开始，到达大别山。再从岷山的南面治起，到了衡山，越过了九江，到达庐山。

导弱水，至于合黎，余波入于流沙[1]。导黑水，至于三危，入于南海[2]。导河积石，至于龙门，南至于华阴，东至于底柱，又东至于孟津；东过洛汭，至于大伾；北过降水，至于大陆；又北播为九河，同为逆河，入于海[3]。嶓冢导漾，东流为汉，又东为沧浪之水，过三澨，至于大别，南入于江；东汇泽为彭蠡，东为北江，入于海[4]。岷山导江，东别为沱，又东至于澧，过九江，至于东陵，东迆北会于汇，东为中江，入于海[5]。导沇水，东流为济，入于河，溢为荥，东出于陶丘北，又东至于菏，又东北会于汶，又北东入于海[6]。导淮自桐柏，东会于泗、沂，东入于海[7]。导渭自鸟鼠同穴，东会于沣，又东会于泾，又东过漆沮，入于河[8]。导洛自熊耳，东北会于涧、瀍，又东会于伊，又东北入于河[9]。

注释

1　合黎，山名；在今甘肃张掖县。流沙，即沙漠；此谓甘肃鼎新县以东之沙漠；在今宁夏省。

2　黑水，谓雍州之黑水。程发轫谓：南海，即今之罗布泊。罗布泊即《汉志》之蒲昌海，一名临海，又名牢兰海。说见所著《禹贡地理补义》。

3　华阴，华山之北。孟津，黄河渡口名；在今河南孟县。洛，应作雒。洛汭，雒水之北。大伾（pī），山名；在今河南浚县。降水，即漳水，在今河北曲周、肥乡二县之间。播，散。同，会合。郑玄云（见《史记集解》）："下尾合，名曰逆河；言相逆受也。"此言九河复合为一，以入于海。积石、龙门、底柱、九河，并见前注。

4　漾，水名；源出今陕西宁羌县，东南流为沔，至汉中以东为汉。沧浪之水，乃汉水之一段，在今湖北均县。《史记索隐》谓竟陵（今湖北天门县）有三参水，俗名三澨水。北江，谓扬州三江中之北江。嶓冢、大别、彭蠡，并见前注。

5　东别为沱，言江之东别有一水曰沱。澧，水名；源出今湖南桑植县，流入洞庭湖。东陵，地名；蔡《传》谓在巴陵县（今湖南岳阳县）。迆（yǐ），同迤，斜行。汇，谓彭蠡。中江，谓扬州三江中之东江。

6　沇水，为济（沛）水之上流；源出今山西垣曲县王屋山下，东南流，至今河南武陟县入河。荥，即荥波，见前注。陶丘，丘名；在今山东定陶县。菏，水名，已湮；故迹由菏泽东南流，至今山东鱼台县入泗。北东，北而折东。

7　淮，水名；源出今河南桐柏县桐柏山。泗、沂，并见徐州。

8　鸟鼠同穴，山名，即鸟鼠山；渭、沣、泾、漆沮，并见雍州。

9　洛，当作雒。熊耳、涧、瀍、伊，并见前注。

译文

疏导弱水，到达合黎山，下流进入沙漠中。疏导黑水，到达三危山，流入南海（牢兰海）。疏导黄河，从积石山开始，到达龙门山，再往南流到华山北面，再往东经过底柱山，再往东到了孟津；再往东经过雒水北岸，到了大伾山；再往北经过降水，到了大陆泽；再往北分成九条支流，然后又合成一条逆河，于是流入海中。从嶓冢山开始疏导漾水，往东流成为汉水，又往东流成为沧浪水，又经过三澨水，到了大别山，再往南流入长江；又往东汇成彭蠡泽，又往东形成了北江，然后流入海中。从岷山开始疏导长江，往东另外分出一条支流叫作沱水，又往东流到澧水，过了九条江水，到了东陵，再往东又斜流往北而汇成彭蠡泽，再往东流就是中江，然后流入海中。疏导沇水，使往东流形成济水，流入黄河，又分支出来汇成荥波泽，再往东流经过陶丘以北，往东流到菏水，再往东北流而汇合了汶水，再往北再转东，然后流入海中。疏导淮水从桐柏山开始，使往东汇合了泗水和沂水，再往东流入海中。疏导渭水从鸟鼠山开始，往东汇合了沣水，又往东汇合了泾水，又往东经过漆沮水，然后流入黄河。疏导洛（雒）水从熊耳山开始，往东北汇合了涧水和瀍水，又往东汇合了伊水，再往东北流入黄河。

九州攸同，四隩既宅，九山刊旅，九川涤源，九泽既陂[1]。

　　　　　　　　　　　　　　　　尚书今注今译

四海会同，六府孔修；庶士交正，厎慎财赋，咸则三壤，成赋中邦²。锡土姓，祗台德先；不距朕行³。

注释

1　孙《疏》云："同，犹和也；平也。"隩，水涯；谓四海之边涯。既宅，既已居人。九山，九个系统之山，即岍、壶口、厎柱、太行、西倾、熊耳、嶓冢、内方、岷山。刊，当作栞。旅，道；通。九川，九个系统之川，即弱水、黑水、河、漾、江、沇、淮、渭、洛（雒）。涤，畅达：本孙《疏》说。九泽，即大陆、雷夏、大野、彭蠡、震泽、云梦、荥波、菏泽、孟猪。陂，为堤岸以障水。

2　会、同，皆诸侯朝见天子之名；此谓归附。六府，水、火、金、木、土、谷。孔，甚。修，治。庶，众。交，俱。正，谓美恶之等第得其正。厎，致。财赋，谓税收。咸，皆。则，准则。三壤，谓田上中下三等。成，定。中邦，中国。

3　锡，赐。锡土姓，谓赐诸侯以土地及民众：友人杨希枚说，见所著《先秦赐姓制度理论的商榷》。台（yí），与以通；例见王孙钟：于省吾说。距，抵拒不顺。

译文

九州岛之内都已平定，四海的边上也已经住人了。九个系统山脉的树木上都做了标记，可通行了；九个系统的河流都已源头畅达了；九个（大的）湖泽都已筑起了堤防。于是四海之内人民通通归附了王朝；六种（人民日用的）物质都已治理好了；各处土地的优劣都已评定了，所慎重的是税收，通通按照三等田地来规定中国的赋税。把土地和民众赏赐给诸侯，则是按照他们的品德来决定先后。这样，天下（的人）就不抗拒我们（政府）的措施了。

五百里甸服：百里赋纳总，二百里纳铚，三百里纳秸服，四百里粟，五百里米[1]。五百里侯服：百里采，二百里男邦，三百里诸侯[2]。五百里绥服：三百里揆文教，二百里奋武卫[3]。五百里要服：三百里夷，二百里蔡[4]。五百里荒服：三百里蛮，二百里流[5]。

注释

1　五百里，谓环王城之外，四方各距王城五百里；即东西、南北，相距各千里。百里，谓环王城百里以内。总，伪孔《传》云："禾曰总。"此言谷物连稿秸纳之。二百里，王城百里之外，二百里之内；以下类推。铚，刈；谓割下之禾穗。秸（《集韵》：讫黠切），断去其稿及芒。带秸者，谓之秸服：本陈奂说。粟，未去壳之谷实。米，去壳者。

2　五百里，谓环甸服之外，四方各五百里；以下类推。蔡《传》谓：采，卿大夫邑地。男邦，谓男爵之国；小国也。诸侯，谓大国次国。此言三百里，与前文异例；朱熹以为自三至五，为百里者三。

3　三百里，谓近内之三百里；以下类推。揆文教，谓揆度王者文教而行。奋，振。卫，保卫。

4　夷，谓夷人所居之地。蔡，流放；谓流放罪人所居之地：蔡《传》说。

5　蛮，蛮荒之地。蔡《传》云："流，流放罪人之地。蔡与流，皆所以处置罪人；而罪有轻重，故地有远近之别也。"

译文

（王城四周每面各）五百里（的区域），叫作甸服：其中最靠近王城的一百里地区缴纳带稿秸的谷物，其外一百里的区域缴纳禾穗，再往外一百里的区域缴纳去掉稿芒的禾穗，再往外一百里的区域缴纳带壳的谷子，最远的一百里缴纳无壳的米。甸服以外各五百里的区域叫作侯服：其中最靠近甸服的一百里是封王朝卿大夫的地方，其次的百里是封男爵的领域，其余三百里是封大国诸侯的领域。侯服以外各五百里的区域是绥服：其中靠近侯服的三百里，斟酌着人民的情形来施行文教，其余二百里则振兴武力和保卫的力量。绥服以外各五百里是要服：其中靠近绥服的三百里是夷人所住的地方，其余二百里是流放罪人的地方。要服以外各五百里是荒服：其中靠近要服的三百里是蛮荒地带，其余二百里也是流放罪人的地方。

东渐于海，西被于流沙；朔、南暨声教，讫于四海[1]。禹锡玄圭，告厥成功[2]。

注释

1　渐，入。被，及。朔，北方。南，南方。暨，参与。声，谓政令。教，谓教化。讫，至。

2　锡，与"锡贡"及"纳锡"之"锡"同义，献也。玄，天色。

译文

（这时的疆域，）东方伸入海中，西方达到沙漠地带，北方、南方都参与了政令教化，（政令和教化）到了四海。禹于是把青黑色的圭，献给天子，报告他已经成功了。

甘誓

　　甘，地名。誓，战时誓师之辞。此篇为夏君与有扈氏战于甘时之誓辞。或谓夏君为禹，或谓为启，亦有谓为夏后相者，至今尚无定论。

　　本篇文辞浅易，与《汤誓》《牧誓》相似。篇中言及六卿、五行及三正。按：六卿之制，起于春秋；三正之名，始于战国；且所谓五行，实指终始五德言；由此可知本篇当著成于战国之世。《墨子·明鬼下》篇，虽引本篇之文，然《墨子·明鬼下》乃墨者之徒所为，其著成时代甚晚，故及引之也。

大战于甘，乃召六卿[1]。

注释

　　1　甘，马融以为有扈南郊地名（见《史记集解》）。据马说核之，其地当在今陕西鄠县。王国维以为：据卜辞，甘，疑即春秋甘昭公所封之邑；扈，疑即诸侯会于扈之扈：地当在周郑间（见《核诂》引）。按：王说较旧说为胜。郑玄云（见《诗正义》）："六卿者，六军之将。"盖天子六军，其将皆命卿。按：六卿之制，始于春秋时之宋国；说见史景成所著《六卿考源》。

译文

将要在甘地发动大战，（夏王）于是把六军的将领召唤过来。

王曰："嗟！六事之人[1]，予誓告汝。有扈氏威侮五行，怠弃三正[2]。天用剿绝其命[3]，今予惟恭行天之罚。左不攻于左，汝不恭命；右不攻于右，汝不恭命；御非其马之正，汝不恭命[4]。用命，赏于祖；弗用命，戮于社。予则孥戮汝[5]。"

注释

1　古者谓卿为卿事，故三卿谓之三事。此六事，谓六卿也。六事之人，谓六卿及其统属之人。

2　有扈，国名；姒姓（马融说）。威，《述闻》疑为"威"（蔑）字之讹。威，轻蔑。按：此五行，当指终始五德言。威侮五行，意谓轻蔑侮慢应五行之运而兴之帝王（此指夏王言）。怠，惰慢不恭。三正，谓夏正建寅、殷正建丑、周正建子。王者受命，必改正朔。此言怠弃三正，意谓不奉夏之正朔。本篇为战国时人述古之作，故用"三正"之辞，而偶未察其失也。

3　用，因而。剿绝，断绝。命，谓国运。

4　左，谓在车左之战士。攻于左，谓攻击左方之敌人。恭命，顺从命令。御，驾车。非其马之正，谓进退旋转不适当。

5　用命，即听命。祖，谓迁庙之祖。古者天子出征，必先祭社及迁庙，而皆衅其主（神牌）以行，载之斋车。赏于祖，谓启告于祖之神牌而赏之。社，谓斋车所载之社主。孥，子。孥戮，言并其子而杀之。

译文

王说："啊！六军将领和（所领导的）战士们，我来向你们发出以下命令。有扈国轻蔑侮辱我这应运而生的帝王，怠慢废除王朝所规定的历法。上天因而要断绝了他的国运，现在我只有恭敬地推行老天（对他）的惩罚。在车左的战士假如不攻击左方的敌人，那你们就是不顺从于我的命令；在车右的战士如果不攻击右方的敌人，那你们就是不顺从于我的命令；驾车的人假如不能使马（进退旋转）适当，也是不顺从于我的命令。你们如果听从我的命令，我就报告祖先的神灵而赏赐你们；不听从我的命令，我就在社神的牌位之前加以杀戮。（如果不听从命令，）我就连你们的儿子也杀死。"

商　书

汤誓

本篇为商汤伐夏桀时誓师之辞。按：《论语·尧曰》篇及《国语》内史过所引《汤誓》之辞，异于本篇；是本篇之外，尚有一《汤誓》。本篇文辞既不古，又充满吊民伐罪之思想；其著成时代，疑亦在战国之世。而《孟子·梁惠王》篇引之，故当在《孟子》之前。

王曰："格尔众庶，悉听朕言。非台小子，敢行称乱；有夏多罪，天命殛¹之。

注释

1　王，谓商汤。格，告。庶，众。悉，皆。台（《集韵》：盈之切），我。称，举；作。殛，诛。

译文

王说："告诉你们众人，都来听我的话。并不是我这青年敢去作乱，只因夏王罪恶多端，老天命令我去伐诛他。

"今尔有众，汝曰：'我后不恤我众，舍我穑事，而割正夏[1]。'予惟闻汝众言；夏氏有罪，予畏上帝，不敢不正。

注释

1 后，君主。恤，怜悯。舍，同捨。穑事，农事。割，夺。正，与征古通。割正，谓征伐。下正字，义同。

译文

"现在你们众人，你们说：'我们的君主不怜悯我们，舍弃（荒废）了我们的庄稼，而令我们去征伐夏国。'我啊，已听到你们的这些话了；夏桀有罪，我惧怕上帝发怒，不敢不去征伐夏国。

"今汝其曰：'夏罪其如台[1]？'夏王率遏众力，率割夏邑，有众率怠弗协[2]。曰：'时日曷丧？予及汝皆亡[3]！'夏德若兹[4]，今朕必往。

注释

1 如台（yí），若何。

2 率，语助词：说见《释词》。下二"率"字同。遏，竭尽：《核诂》说。割，《广雅》："害也。"怠，怠慢不恭。协，和。

3 时，是。日，以喻夏桀。曷，何时：说见丁声树所著《论〈诗经〉中的"何""曷""胡"》。汝，谓桀。皆，与偕同义；共同。

4 德，行为。若兹，如此。

译文

"现在你们要说：'夏朝的罪恶是怎样的呢？'夏王竭尽了民众的力量，损害了夏国，民众因而都怠慢不恭，对他的统治不满。都说：'这个太阳什么时候才会灭亡呢？我情愿跟你共同灭亡！'夏桀的行为如此，所以我一定得去征服他。

"尔尚辅予一人，致天之罚，予其大赉汝[1]。尔无不信，朕不食言[2]。尔不从誓言，予则孥戮汝，罔有攸赦[3]。"

注释

1　尚，庶几；希冀之词。予一人，犹言我个人；古者天子每如此自称。致，推行。赉，赏赐。

2　无，勿。食言，即将话吞到肚里；意谓不实践其言。

3　罔，无。攸，所。赦，免罪。

译文

"希望你们辅佐我，来推行老天的刑罚，我将要大大地赏赐你们。你们不要不相信，我不会说谎的。如果你们不听从我的誓言，我就要连你们的儿子都杀死，没有一个人能得到赦免。"

盘庚

　　盘庚，殷帝名；祖丁之子，阳甲之弟，小辛之兄也。本篇乃记述盘庚自奄迁殷之事者。通行本分为上、中、下三篇，曰《盘庚上》《盘庚中》《盘庚下》。

按：汉儒皆以为一篇，未尝分别以上、中、下标题；仅于上篇、中篇之末，各空一字以别之：汉《熹平石经》可证也。兹从汉人旧本，不更分别标题。

《书序》谓本篇作于盘庚时，《史记·殷本纪》以为作于小辛时。按：本篇数言盘庚，而盘庚之名，乃其后人所命，非盘庚在世时之称，可知本篇非当时所作。小辛时亦不当有"盘庚"之号，故知亦非作于小辛时也。疑为殷末人（甚至宋人）述古之作。

盘庚迁于殷，民不适有居。率吁众慼出矢言[1]。

注释

1　适，悦：孙《疏》说。有，于：《释词》说。率，用；犹言因而。吁，呼。慼，《说文》引作戚。戚，亲也；谓近臣。矢，陈述：《平议》说。

译文

盘庚迁都于殷，人民都不喜欢住在这里。（盘庚）因而呼吁一些亲近的官员，（让他们）出来对民众讲话。

曰："我王来，既爰宅于兹；重我民，无尽刘[1]。不能胥匡以生；卜稽曰其如台[2]？先王有服，恪谨天命；兹犹不常宁，不常厥邑，于今五邦[3]。今不承于古，罔知天之断命，矧曰其克从先王之烈[4]？若颠木之有由蘖，天其永我命于兹新邑，绍复先王之大业，底绥四方[5]。"

1　我王，谓盘庚。宅，居。兹，指殷言。刘，杀。

2　胥，相。匡，辅助。卜稽，犹言卜问。如台（yí），若何。

3　服，事。恪，敬。兹，如此。邑，指国都言。五邦，谓仲丁迁嚣，河亶甲迁相，祖乙居耿，耿圮迁庇，南庚迁奄：杨树达《积微居读书记》说。

4　承于古，谓继承先王之行。断命，谓国运断绝。矧，况。克，能。烈，业。

5　颠木，仆倒之树木。由，《说文》引作㽕，云："木生条也。"蘖，树木被斫伐后新生之嫩芽。永，长久。兹新邑，谓殷。绍，继。复，恢复。厎，致。绥，安。

译文

（亲近的官员们告诫其他官吏和民众）说："我们的君王迁到（殷）来，已经住在这里了；（他所以要迁来，）是由于看重我们民众，不想致使民众通通受害而死。你们如果不能互相帮助着生活，试去卜问你们这种行为的结果会如何呢？（以前）先王只要有所作为，都敬谨地遵从老天的命令；纵然如此，尚且不能永久安宁，不能永久地住在他们的都城（而不迁移），到现在已换了五个国都了。现在若不继承古人的作风，就连老天要断绝我们的国运都不能知道，还谈什么继承先王的功业？如同已伐倒的树木又生出新芽来一般，老天会使我们的国运在这里永久下去，继承并恢复先王的伟大事业，使天下安定。"

盘庚敩于民，由乃在位，以常旧服，正法度[1]。曰："无或敢伏小人之攸箴²！”王命众，悉至于庭。

1　敉，教；晓谕。由，义如《论语》“民可使由之”之“由”，顺从也。乃，汝。在位，谓在位之官员。常，与尚古通；谓尊尚。旧服，谓旧规。

2　此句乃告官吏之语。无，勿。伏，隐瞒。小人，民众。攸，所。箴，马融云（见《释文》）：“谏也。”

译文

盘庚晓谕百姓：要顺从你们的官吏，来尊尚旧时的法规，使法度正当。（于是告诉官员们）说：“无论是谁都不要隐瞒民众对政府的规谏！”于是王就命令众人，通通到庭院中来。

王若曰：“格汝众。予告汝训¹汝，猷黜乃心，无傲从康²。古我先王，亦惟图任旧人共政³。王播告之，修不匿厥指，王用丕钦；罔有逸言，民用丕变⁴。今汝聒聒，起信险肤，予弗知乃所讼⁵。

注释

1　王，谓盘庚。若曰，如此说。格，告。众，谓众官吏。训，训辞。

2　猷，与攸通；语助词：《释词》有说。黜，降低。乃，汝。傲，同敖；游乐。从，与纵通；放纵。康，安逸。

3　图，谋；打算。任，用。旧人，共事年久之人。共政，共治理政事。

4　王，谓先王。播告，布告。修，读为"攸"，语词：《平议》及《骈枝》并有说。匿，隐。指，与旨古通。用，因以。丕，语词。钦，善之：吴氏《尚书故》说。逸，过错。

5　聒聒，马融云（见《正义》）："拒善自用之意。"起，犹更。信，申。险，邪。肤，传；说。言更申邪说：吴氏《尚书故》及吴闿生《尚书大义》（以下简称《大义》）并有说。讼，争论。

译文

王如此说："告诉你们众人。我现在教训你们，为的是让你们去掉私心，不要游乐而放纵地追求安逸。从前我们的先王，总是打算任用世家旧臣来共同管理政事。先王向官员们布告政令，官员们都能不隐瞒王的旨意，王因而对他们满意；（官员们传布政令，）都没有错误的言论，民众因而也都改过向善了。现在你们聒聒地自以为是而拒绝别人的好意见，又另外发表邪说，我不知道你们到底在争论些什么。

"非予自荒兹德；惟汝含德，不惕予一人[1]。予若观火。予亦拙谋，作乃逸[2]。

注释

1　荒，荒废。含，应从《史记》作舍；与捨同。惕，惧。

2　观火，谓视民情如观火之明。拙谋，谓所谋拙劣。作，作成。乃，汝。逸，过错。

译文

"这并不是我自己荒废了这美德；只是你们放弃了美德，不把我的政令告诉每一个人。我（对你们这种情形）好像看火似的（那么清楚）。这当然也怪我的计谋拙劣，以致造成你们的过失。

"若网在纲，有条而不紊[1]；若农服田力穑，乃亦有秋[2]。

注释

1　纲，系网之大绳。条，条理。紊，乱。

2　农，农人。服，从事。力，努力。穑，耕稼。有秋，犹有年；谓谷物丰收。

译文

"就像把网系在纲上，才能有条有理而不紊乱；就像农人从事田野工作，努力耕种，才能丰收。

"汝克黜乃心，施实德于民，至于婚友；丕乃敢大言，汝有积德[1]。乃不畏戎毒于远迩[2]；惰农自安，不昏作劳，不服田亩，越其罔有黍稷。汝不和吉言于百姓，惟汝自生毒[3]；乃败祸奸宄[4]，以自灾于厥身。乃既先恶于民，乃奉其恫，汝悔身何及[5]！

注释

1　婚友，婚姻朋友。丕乃，犹乃也。

2　戎，大。毒，害。远，谓远日。迩，谓近日。

3　昏，郑玄读为"敯"（见《正义》），云："敯，勉也。"

作劳，操作劳动。服，从事。《释词》："越其，犹云爱乃也。"罔，无。和，与桓、宣古通；此当读为"宣"，宣布也：《平议》说。吉，善。百姓，民众；或作百官解，亦通。毒，祸害。

4　败，坏乱。奸宄，见《尧典》注。

5　奉，承；受。恫（tōng），痛苦。悔身，自身后悔。

译文

"你们要除去私心，对民众施与实在的德惠，以至于婚姻朋友；你们胆敢说大话，说你们已有积累的德惠。你们不怕在遥远的将来和近日会有大灾害；像怠惰的农人一样自己寻求安逸，不奋勉地操作劳动，不从事田野工作，于是就不会收获到黍稷等谷物了。你们不对民众（或官员们）宣布良好的言论，这是你们自己造成的祸害，于是毁坏、灾祸和内外的扰乱（都生出来），以致自己害了自己。你们已经被民众所讨厌，才遭受那种痛苦，你们自己后悔怎么还来得及！

"相时憸民，犹胥顾于箴言；其发有逸口，矧予制乃短长之命[1]？汝曷弗告朕，而胥动以浮言，恐沈于众[2]？若火之燎于原，不可向迩，其犹可扑灭[3]。则惟汝众自作弗靖，非予有咎[4]。

注释

1　相，视。时，是。憸民，蔡《传》："小民也。"胥，相。箴言，箴戒之言；指政令言。发，谓发言。蔡《传》："逸口，过言也。"此句指诸臣言。矧，何况。制，管制；犹言掌握。乃，汝。短长之命，言寿命之长短。

2　曷，何。胥，相。动，鼓动。浮言，无根之言。恐，恐吓。沈，读为"扰"。《说文》："告言不正曰扰。"孙《疏》说。

3　燎，烧。原，野。向迩，接近。其犹可扑灭，谓尚可扑灭。

4　靖，善：《述闻》说。咎，过。

译文

"看看这些小民，他们还都顾及政府劝诫的话；恐怕发言有所错误，何况我掌握着你们的生杀大权？你们为什么事前不告诉我，却用谣言互相鼓动，来恐吓煽惑民众？（你们这种做法）如同大火在原野中燃烧起来一般，（虽然）火势猛烈得使人不能接近，可是，尚且可以扑灭它。那就是你们众人自己所做的坏事造成的，不是我有什么过错。

"迟任有言曰：'人惟求旧，器非求旧、惟新[1]。'古我先王，暨乃祖乃父，胥及逸勤；予敢动用非罚[2]？世选尔劳，予不掩尔善[3]。兹予大享于先王，尔祖其从与享之[4]。作福作灾，予亦不敢动用非德[5]。

注释

1　迟任，古贤人。人，谓官吏。

2　胥及逸勤，言相与共劳逸。敢，岂敢。非罚，不当之罚。

3　选，计算。劳，功劳。掩，掩没。

4　享，祭献。从，跟从。与，参与。

5　作福作灾，谓神降福降灾。非德，不当之德惠。

译文

"迟任有句话说：'任用官员要用世家旧臣，器物就不要找旧的，而要新的。'古时我们的先王，跟你们的祖先，在一起过着安逸和劳动的生活，我岂敢对你们施行不合理的刑罚？世世代代都记着你们的功绩，我不会埋没你们的好处的。现在我要隆重地来祭祀我们的先王，你们的祖先也就会相随而来享受我的祭祀。（对你们会）降给幸福或降给灾难（全凭先王和你们祖先的意旨），我也不敢给你们不合理的恩惠。

"予告汝于难；若射之有志[1]。汝无侮老成人，无弱孤有幼[2]。各长于厥居，勉出乃力，听予一人之作猷[3]。无有远迩，用罪伐厥死，用德彰厥善[4]。邦之臧，惟汝众；邦之不臧，惟予一人有佚罚[5]。

注释

1 于，义与以同：《核诂》说。难，困难。志，识；谓拟射之标志；即的。

2 侮老，汉石经作翕侮。孙《疏》谓翕侮犹言狎侮。唐石经作老侮，谓以其老迈而侮之。《述闻》云："弱孤连言，以为孤弱而轻忽之也。"按：有，于。

3 长，永久。乃，汝。听，从。作猷，所做之谋划。

4 用罪，谓作恶。伐，杀。用德，谓行善。彰，表扬。

5 臧，善。佚，《国语·周语》引作逸。佚、逸古通；过也。佚罚，谓错误之惩罚。

译文

"我来告诉你们困难的事；就像射箭一样，要有一个目标。你们不要欺侮成年人，也不要欺侮弱小孤苦的幼年人。你们各人永久住在你们现在所住的地方，奋勉地拿出你们的力量，听从我个人所做的计划。无论亲疏，你们若走上罪恶的路，我就要杀死你们；你们若趋向美善的路，我就会表扬你们的好处。国家治理好了，那就是大家的功劳；治理得不好，那就是我个人的过失。

"凡尔众，其惟致告[1]：自今至于后日，各恭尔事，齐乃位，度乃口[2]。罚及尔身，弗可悔[3]。"

注释

1 蔡《传》云："致告者，使各相告戒也。"

2 恭，谨。齐，正：义见《诗·小宛》毛传。位，职位。度，《说文》作厇；闭也。

3 "罚及"句上有省文；意谓如不然则罚及尔身也。上篇止此。

译文

"凡是你们众人，各人都要辗转相告：从今以后，各人要敬谨地去做你们的事业，做好职责以内的事，闭起你们的嘴来。（如若不这样）刑罚就加到你们身上，（到那时）你们可不要后悔。"

盘庚作，惟涉河以民迁[1]。乃话民之弗率，诞告用亶[2]。其有众咸造，勿亵在王庭[3]。

1　作，起来。惟，谋：《尚书故》说。涉河，渡黄河而北。

2　话，《尚书故》云："会也。"率，从。诞，发语词。用，以。亶，诚。

3　咸，皆。造，至。勿，无。亵，狎慢。

译文

盘庚起来，计划着渡过黄河带着民众迁移。于是会集人民中不服从的，诚恳地来劝告他们。这些百姓都来了，没有人敢在王的庭院中狎慢不敬的。

盘庚乃登进厥民。曰："明听朕言，无荒失朕命[1]。呜呼！古我前后，罔不惟民之承保，后胥慼；鲜以不浮于天时[2]。殷降大虐，先王不怀；厥攸作，视民利用迁[3]。汝曷弗念我古后之闻[4]？承汝俾汝，惟喜康共；非汝有咎，比于罚[5]。予若吁怀兹新邑，亦惟汝故，以丕从厥志[6]。

注释

1　登进，使近前。荒，废弃。

2　前后，谓先王。之，是。"承""保"二字连用，犹言保护也。胥，皆。慼，当读为"戚"；亲也。《便读》云："鲜，少也。浮，孚也；犹符合也。"

3　殷，似殷商之殷。唯以殷为国号，乃迁殷以后事。此时尚未迁殷，不应用此名号；然此乃后人述古之辞，故不足异。或解殷为"盛貌"，亦通。虐，谓灾难。按：成汤以后数迁，均不外今鲁西、豫东及皖北一带。此一地带，常因黄河泛滥成灾。此所谓大虐，盖谓水灾。怀，安。厥，指先王。攸，于是。作，起。

4 曷，何。古后，先王。闻，恤问。

5 承，保护。俾，益。喜，乐。康，安。咎，过错。比，拟。

6 若，如此。吁，呼。怀，来。丕，语词。厥，指古后。

译文

于是盘庚使这些民众到近前来。说："你们明白地听我的告诫，不要荒废（违背）了我的命令。唉！古时我们的先王，没有不保护人民的，先王都爱他们，很少有不顺应天时去做的。我们殷国（遭到老天）降下的大灾难，先王心中不安；他们于是起来，视人民的利益所在而迁徙。你们何以不去想想我们的先王对于民众的怜恤慰问（的情形）呢？（先王）保护你们、为你们谋利益，是要和你们共享安乐；并不是你们有什么过失，而用迁徙来当作惩罚。我现在这样呼吁你们到这新城市来，也是为了你们的缘故，用以遵从先王的意志。

"今予将试以汝迁，安定厥邦。汝不忧朕心之攸困，乃咸大不宣乃心，钦念以忧；动予一人[1]。尔惟自鞠自苦：若乘舟，汝弗济，臭厥载[2]。尔忧不属，惟胥以沈[3]。不其或稽，自怒曷瘳[4]？

注释

1 咸，皆。宣，与和通。钦，敬。念，考虑。忧，诚。动，惊动。

2　鞠，困厄。济，渡过。臭，败坏。载，舟中所载之物。

3　忱，诚。属，足。胥，相。

4　稽，考察。怒，汉石经作怼；义较长。瘳，病愈。

译文

"现在我打算带着你们迁徙，来安定国家。你们不忧虑我心中的困苦，你们的心情竟然都大大地不满，也不敬谨地诚心诚意地来考虑考虑，以至惊动了我。你们只是自找困厄，自寻苦恼，好像（大家共同）乘船一样，你们不能渡过，以致败坏了船中所载的货物。你们的诚意不够，那只有互相沉没。你们自己不来检讨一下，（将来）自己怨恨自己，那怎么还会好呢？

"汝不谋长，以思乃灾；汝诞劝忧[1]。今其有今罔后，汝何生在上[2]？今予命汝一，无起秽以自臭，恐人倚乃身，迁乃心[3]。予迓续乃命于天；予岂汝威？用奉畜汝众[4]。

注释

1　长，长久。乃，汝。诞，语词。劝，助长也。

2　上今字，意谓如目前不迁之情形。上，谓天。汝何生在上，意谓上天何能容汝生存也。

3　一，一心不贰。起，作。孙《疏》读倚为掎，云："偏引也。"偏引，即往一边拖。迁，邪僻。

4　迓，《匡谬正俗》引作御。御，用；因而。威，惩罚。奉，助。畜，养。

译文

"你们不往长久方面计划，也不去想想你们的灾难，你们只是助长大家的忧愁。若像目前这样不迁徙，那就只有今天没有后来了，那么，上天怎么会容许你们生存呢？现在我命令你们一心一德，不要做出污秽的事来自己臭自己，恐怕有人将你们的身体往一边拖（往一面倒），使你们的心思邪僻不正。我因而延续你们在天上的命运，我哪里是来惩罚你们？我是为了保护、抚养你们众人。

"予念我先神后之劳尔先；予丕克羞尔，用怀尔然[1]。失于政，陈于兹，高后丕乃崇降罪疾[2]；曰：'曷虐朕民！'汝万民乃不生生，暨予一人猷同心，先后丕降与汝罪疾；曰：'曷不暨朕幼孙有比[3]！'故有爽德，自上其罚汝，汝罔能迪[4]。

注释

1　先神后，谓已亡故之先王。尔先，尔先人。丕，语词。羞，养。怀，安。然，焉：《尚书故》说。

2　陈，久。兹，谓此地（奄）。高后，犹言古后；谓先王。崇，重。

3　《释词》："乃，犹若也。"生生，谓谋生。猷，语词。比，亲近。有比之有，语词。

4　爽，失；错误。德，行为。上，谓上天。迪，逃：《尚书故》说。

译文

"我想到我那已成神灵的先王当年役使你们先人（的情形）；所以我也能养护你们，来安定你们。如果我在政治上失策，永久住在这里（奄），先王就会重重地降下惩罚与疾病在我身上，说：'为什么暴虐我的人民！'你们民众如不谋生，不跟我同心同德，那么先王也会降给你们罪过与疾病；说：'为什么不和我的子孙相亲近呢！'所以你们若有错误的行为，那就会由上天来惩罚你们，你们没有办法逃避。

"古我先后，既劳乃祖乃父，汝共作我畜民[1]。汝有戕则在乃心，我先后绥乃祖乃父；乃祖乃父，乃断弃汝，不救乃死[2]。兹予有乱政同位，具乃贝玉[3]。乃祖乃父，丕乃告我高后曰：'作丕刑于朕孙。'迪高后丕乃崇降弗祥[4]。

注释

1　畜，好：孙《疏》说。

2　《尚书故》谓则乃贼之借字。贼，亦害义。绥，告：《尚书故》及《骈枝》并有说。

3　政，与正通；谓官长。乱政，犹言乱臣；不守法之官吏也。具，聚集。贝、玉，谓财宝。

4　迪、猷音通，语词。崇，重。弗祥，不吉之事。

译文

"古时候我们的先王既然役使了你们的祖先及父亲，你们同是我的好民众。你们心中要是有作恶的念头，我们先王（在天之灵）就会告诉你们的先祖先父；你们的先祖先父就会弃绝你们，不挽救你们的死亡。现在有乱政的官员共同在位，只知道聚集你们的财宝。你们的先祖先父，就会报告我的先王，（先王）说："施行刑罚给我的子孙。"于是，先王就会重重地降下灾祸来。

"呜呼！今予告汝不易：永敬大恤，无胥绝远[1]；汝分、猷念以相从，各设中于乃心[2]。乃有不吉不迪，颠越不恭，暂遇奸宄[3]；我乃劓殄灭之，无遗育，无俾易种于兹新邑[4]。往哉生生！今予将试以汝迁，永建乃家。"

注释

1　敬，谨。恤，忧。无，勿。胥，相。绝远，不相亲。

2　分，汉石经作比。比，亲近也。猷，语词。念，考虑。从，顺从。设，汉石经作翕。翕中，犹言和衷：《尚书故》说。

3　吉，善。迪，顺。颠越，犹言陨越；谓做了坏事。不恭，谓不顺从命令。暂，读为"渐"，诈也。遇，读为"隅"，奸邪也：并《述闻》说。

4　《说文》剿之或字作劓。广雅："劓，断也。"殄，绝。育，稚；谓幼童。俾，使。易，移。中篇止此。

译文

"唉！现在我告诉你们（国运）是不容易（维持）的：你们要永远谨慎于大的可忧的事情，不要互相疏远；你们要亲近，要考虑着互相顺从，各人心中都要有和衷共济的观念。若有人不善良、不和顺，贻误国事而不服从命令，诈伪奸邪犯法作乱，那我就要杀尽他的全家，连幼童也不留下，不让他们这些人的后代迁移到这新城来。去吧，（好好地）谋生吧！现在我将要带领着你们迁移，永远地建立你们的家园。"

盘庚既迁，奠厥攸居。乃正厥位，绥爰有众[1]。

注释

1　奠，定。攸，所。正厥位，谓正立于其位，即就位之意。绥，告：《尚书故》说。爰，于。

译文

盘庚已经迁移，在他所住的地方安顿下来。于是站在他的位置上，告诫众人。

曰："无戏怠，懋建大命[1]。今予其敷心腹肾肠，历告尔百姓于朕志[2]。罔罪尔众；尔无共怒，协比谗言予一人[3]。

注释

1　懋，勉。大命，谓国运。
2　敷，宣布。敷心腹肾肠，意思是把内脏拿出来，以示诚意。历，明。百姓，百官。志，意见。
3　罔，非。协，合。协比，言共相亲昵。

译文

（盘庚）说："你们不要戏谑怠慢，要奋勉地来建立我们的国运。现在我来宣布诚心，明白地把我的意见告诉你们众官员。我没有把罪过加在你们众人身上，你们不要共同对我心怀不满，互相亲昵地（联合在一起）来毁谤我个人。

"古我先王，将多于前功，适于山[1]。用降我凶，德嘉绩于朕邦[2]。今我民用荡析离居，罔有定极。尔谓朕：'曷震动万民以迁[3]？'肆上帝将复我高祖之德，乱越我家[4]。朕及笃敬，恭承民命，用永地于新邑[5]。肆予冲人，非废厥谋，吊由灵[6]。各非敢违卜，用宏兹贲[7]。

注释

1　将，读为"锵"，发语词。前功，旧功。适，往。山，谓高地。

2　降，除去。凶，谓灾难。德，读为"得"。嘉，美。绩，功。

3　荡，流动。析，分散。定极，定止之处。曷，何。震动，惊动。

4　肆，语词。德，行为；谓适于山之事。乱，治；安定。越，与粤通；于也。

5　及，犹汲汲也：义见隐公元年《公羊传》。笃，惇厚。敬，谨慎。承，保护。永地，犹久住。新邑，谓殷。

6　冲，幼。冲人，盘庚自谦之辞。厥谋，谓先祖昔日迁徙之谋。金文"叔"字与"吊"相似，故"叔"字往往误为"吊"。叔，与淑通，善也。由，用。灵，与令古通。吊由灵，善用命也：见《骈枝》说。

7　宏，大。贲，美；谓美事。

译文

"古时候我的先王，建立了许多功绩，（他们都是）迁到高地去，因而消除了我们的灾难，得到了好的功绩。现在我们民众由于流荡分散离开了老家，而没有安定居留的地方。你们要对我说：'为什么惊动民众来迁徙呢？'（我所以迁徙）是上帝要恢复我们祖先的行为，安定我们的国家。我汲汲地向着忠厚谨慎的目标迈进，恭谨地保护民众的生命，以便永远居住在这新的城邑里。所以我这年轻人，不敢放弃先王这种计谋，而妥善地遵从先王的命令；你们各人都不要违背了我们的占卜，要来发扬光大这美好的事业。

"呜呼！邦伯、师长、百执事之人，尚皆隐哉[1]。予其懋简相尔，念敬我众[2]。朕不肩好货；敢恭生生，鞠人、谋人之保居，叙钦[3]。今我既羞告尔于朕志，若否，罔有弗钦[4]。无总于货宝，生生自庸。式敷民德，永肩一心[5]。"

注释

1　邦伯，邦国之长，谓诸侯：《核诂》说。师长，众官长。百执事之人，百官。尚，庶几；希冀之词。《广雅·释诂一》："隐，度也。"

2　懋，勉。简相，谓选为佐理之人。念，顾念。敬，《尚书故》读为"矜"。矜，怜恤也。我众，谓诸臣。

3　肩，任。好货，好货财之人。《核诂》云："敢，犹能也。"恭，古但作共。共，谓共同。鞠，育；养。保，安。叙，谓次第官爵。钦，善。

4　羞，进；奉。于，以。若，顺；谓同意者。否，谓不同意者。罔，勿。钦，敬；谓顺从。

5　总，聚。庸，用。式，语词。敷，施。德，德惠。肩，克；能够。

译文

"唉！各国的首长、众官长以及所有的官员，可都要考虑考虑啊。我将尽力地提拔你们作为助手，（你们）要顾虑怜悯我们的民众。我不会任用爱财的人；你们若能共同谋生，能养护人民、能图谋人民的安居，我就铨叙（你们的）官爵以示嘉奖。现在我已将我的意见奉告你们，不管你们同意或不同意，都要顺从我。不要聚敛财物宝物，要好好地谋生来供自己享用。要施与民众恩惠，要能永远地同心同德。"

高宗肜日

　　高宗，武丁也。肜，祭名。甲骨文中关于肜祭之记载甚多，肜日上之人名，乃被祭之祖先，而非主祭之人。以是知《高宗肜日》，乃后人之祭武丁。《书序》以本篇为高宗祭成汤，祖己作此以训于王者，非也。又武丁之称高宗，当在殷代末叶，而祖己之称，亦必在其孙辈以后。本篇既著祖己之名，知《史记·殷本纪》所谓祖庚立，祖己立武丁之庙，作《高宗肜日》者，亦非也。盖本篇乃后人述古之作，以记祖庚肜祭武丁时，祖己诚王之事者。

　　高宗肜日，越有雊雉。祖己曰："惟先格王，正厥事[1]。"

1　越，爰；语词。雊，雉鸣。雉，山鸡。吴其昌谓祖己即孝己，武丁子（见《殷虚书契解诂》）。按：祖庚立时，孝己已死；知其说非是。此祖己未知究为何人。格，告。事，谓祭祀之事。旧说祭祀时有雉登鼎耳而鸣；有此怪异，必祭祀有未当处，故云正厥事。

译文

肜祭高宗的那天，有一只山鸡（飞到祭器上）啼叫起来。祖己说："这要先去报告王，使王改正祭祀的事。"

乃训于王曰："惟天监下民，典厥义。降年有永有不永；非天夭民，民中绝命[1]。民有不若德，不听罪；天既孚命正厥德，乃曰'其如台[2]？'

注释

1　训，告教。监，监视。典，主持。典厥义，谓主持正义。年，寿命。永，长久。"非天夭民"二句，《史记》作"非天夭民，中绝其命"。兹从之。

2　若，顺从。听罪，谓听从上天所给予之罪。孚，《史记》、汉石经皆作"付"。付，谓降与。正，纠正。如台，如何。

译文

于是告教王说："老天监视着世人，他是主持正义的。天降给人的寿命有的长久，有的不长久；这并不是老天无故使人夭折，使人中途断绝了生命。因为有些人不顺从着美德（去做），

不听从老天所给的惩罚；老天既然给予命令来纠正他们的行为，他们竟然说：'天还能把我怎么样呢？'

"呜呼！王司敬民；罔非天胤，典祀无丰于昵[1]。"

注释

1　司，《史记》作"嗣"；王司，谓继嗣王位者。民，启之省；勉：《尚书故》说。天胤，犹言天子；此指诸先王。典祀，经常之祭祀。无，勿。丰，盛。昵，马融云（见《释文》）："考（亡父）也；谓祢庙（父庙）也。"盖祖庚肜祭高宗过于丰厚，故祖己谏之。

译文

"唉！（你这）继承先王的人，要谨慎奋勉；（我们的先王）都是（无不是）天子，祭祀时祭品不要过度丰厚呀。"

西伯戡黎

西伯，周文王也。《便读》云："戡，胜也。"黎，《尚书大传》作耆，《史记·殷本纪》作饥，一作阢，国名；旧说以为在上党东北（今山西长治县）。《核诂》则以为此黎当是骊山下之骊戎，以其距文王所都之丰甚近也。兹从其说。本篇文辞浅易，盖亦后人述古之作。

西伯既戡黎，祖伊恐，奔告于王[1]。

注释

1　《史记》谓祖伊为纣之臣。王，谓纣。

译文

西伯已战胜了黎国，祖伊很恐慌，跑去报告（纣）王。

曰："天子！天既讫我殷命；格人元龟，罔敢知吉[1]。非先王不相我后人，惟王淫戏用自绝。故天弃我：不有康食，不虞天性，不迪率典[2]。

注释

1　讫，终止。格，假；借：《便读》说。元龟，大龟。古以龟卜，以为龟越大而越灵。敢，能。大龟之灵既已与人，故殷人不能知吉。

2　相，助。康，安。《骈枝》云："不有康食，谓饥馑；不虞天性，谓疫疠：皆天灾也。虞，乐也；娱之借字。"迪，顺。率，与律通，法也：孙《疏》说。率典，即法典。

译文

说："天子！老天既然终止了我们殷国的命运；把大龟（的灵性）借给别人，（我们）就不能知道吉凶。这并不是我们的先王不帮助我们后人，都是因为王太荒淫爱玩而自己断绝了国运。所以老天就舍弃了我们：使我们不能安宁地生活，不能使天性愉快，（而且）大家都不遵从法典。

"今我民罔弗欲丧，曰：'天曷不降威？大命不挚，今王其如台[1]！'"

注释

1 丧，谓亡国。降威，谓赐予惩罚。大命，此处指天之命令言。挚，至。如台，如何。

译文

"现在我们的人民没有一个不希望我们国家灭亡的，（他们）说：'老天为什么不降给王惩罚呢？老天的命令不降下来，对于现在的王怎么办呢！'"

王曰："呜呼！我生不有命在天？"祖伊反曰："呜呼！乃罪多参在上，乃能责命于天[1]！殷之即丧，指乃功；不无戮于尔邦[2]。"

注释

1 反，谓对答。参，摆列。上，谓天上。责，责望。

2 即，就。指，与旨通；是也。功，事。不无戮于尔邦，言殷邦不能免于灭亡。

译文

王说："啊！我生活在世不是有命运在天上吗？"祖伊回答说："唉！你的罪恶许许多多都摆列在天上，竟然还能责备天，希望老天给你好命运！殷国趋于灭亡，全是你所造成；（这样下去）不会免于灭亡你的国家的。"

微子

　　《史记》谓微子为纣之异母兄，《吕氏春秋》及郑玄则以为纣之同母兄。两说未详孰是。告子述或说，又谓微子为纣之诸父。恐不然也。微，畿内国名。子，爵也。本篇文辞浅易，盖亦非当时之作品。

　　微子若曰："父师、少师，殷其弗或乱正四方[1]。我祖厎遂陈于上；我用沉酗于酒，用乱败厥德于下[2]。殷罔不小大、好草窃奸宄，卿士师师非度，凡有辜罪，乃罔恒获[3]。小民方兴[4]，相为敌仇。今殷其沦丧，若涉大水，其无津涯。殷遂丧，越至于今[5]。"

注释

　　1　父师，《史记》作太师。郑玄云（见皇侃《论语义疏》）："父师者，三公也；时箕子为之。少师者，大师之佐，孤卿也；时比干为之。"是郑氏亦以父师为太师。《述闻》谓《尚书》"率"字每讹为"乱"字。按：此"乱"字亦当为"率"。率正四方，谓率天下以归于正。

　　2　厎，致。《尚书故》云："遂陈，犹遂古遂远也。"按：遂陈，意谓遂陈之人，犹言陈人，古人也。上，谓上天。沉酗，犹沉醉。下，谓人间。

　　3　小大，犹老少。《便读》云："草，钞也；掠也。"此言老少之人无不好掠窃奸宄。师师，谓互相师法。非度，不合法度。辜，罪。恒，常。获，捕获。

4 方，并；普遍。兴，起。

5 沦丧，灭亡。津，渡口。遂，终。越，爰。至于今，谓在于今日。

译文

微子这样说："太师、少师，殷恐怕不能领导天下走到正路上去。我们的祖先已做了古人在天上了；我们就沉醉在酒中，因而就胡乱地在人间毁坏了自己的品德。我们殷国不管少的、年老的，没有不爱抢劫偷窃作乱的，官员们互相效法着去做不法的事，凡是犯了罪的人，竟然常常不逮捕（他们）。于是人民普遍互相敌对仇视。现在殷国恐怕就要灭亡了，好像在渡过大河一般，这条河将是没有渡口和涯岸的。殷国终究要灭亡的，那么就是在现今了。"

曰："父师、少师，我其发出狂，吾家耄、逊于荒[1]？今尔无指告予，颠隮若之何其[2]？"

注释

1 发，行。狂，应依《史记》作往。耄（mào），老。逊，遁。荒，荒野。

2 指告，指示。颠，倒。隮（jī），坠落。其，读为"箕"，语词。

译文

（微子）说："太师、少师，我是出发到别处去，还是住在家中直到老年，退隐在荒野呢？现在你们若不指点我，将来要是倾倒坠落了，那怎么办呢？"

父师若曰："王子！天毒降灾荒殷邦，方兴沉酗于酒[1]。乃罔畏畏，咈其耇长、旧有位人[2]。今殷民，乃攘窃神祇之牺牷牲，用以容，将食无灾[3]。降监殷民，用乂；仇敛，召敌仇不怠[4]。罪合于一，多瘠罔诏[5]。

注释

1　微子为帝乙之子，故称王子。毒，《史记》作笃；荒，作亡。笃，犹重也。方，并。兴，起。

2　下"畏"字读为"威"。咈，违。耇，老。旧，久。有，犹于也。

3　因其来而顺手取之曰攘，往取曰窃。神，天神。祇，地神。牺，纯色之牲（祭神以纯色之牲为贵）。牷（quán），整体之牲。容，谓宽容其罪。将，犹持也：《便读》说。灾，指刑罚言。

4　降，下。监，视。乂，治。上仇字马融作稠（见《释文》），多也；谓屡屡也。郑玄云（见《释文》）："敛，赋敛也。"召，招来。《便读》云："不怠，犹不已也。"

5　罪合于一，言君民同恶相济，合为一体。瘠，瘦；犹言病苦。诏，告。

译文

太师这样说："王子！老天重重地降下灾难来灭亡我们殷国，（让我们官民）都沉醉在酒中。他们竟然都不怕惩罚，违背了他们的年老而在位已久的官员。现在殷的人民，居然顺手偷窃祭神用的整个纯色的牲畜，而政府竟宽容（他们），取去吃了而没有一点灾殃。老天向下监视着殷的人民，目的在于使国家太平；（现在）横征暴敛，以致招来人民的仇视，却仍暴敛不已。因此，天子和人民的罪恶，合成了一体；（许多良民受了）无限的痛苦而无处控诉。

"商今其有灾，我兴受其败[1]。商其沦丧，我罔为臣仆[2]。诏王子出，迪我旧云刻子；王子弗出，我乃颠陒[3]。自靖，人自献于先王，我不顾行遁[4]。"

注释

1　兴，举也；皆也。《平议》说《诗·大雅·抑》"兴迷乱于政"之"兴"字如此。败，祸灾也：义见《礼记·孔子闲居》郑注。

2　古时战胜者以被征服者为臣仆；臣仆，即奴隶。

3　诏，告。迪，逃：《尚书故》说。旧，久。刻，害。颠陒，指殷亡后无人主殷祀言。

4　靖，谋。人，谓人人。自，各自。献，贡献。顾，顾虑。行遁，遁逃。

译文

"商现在就要有灾祸了，我们都要受到灾难。商就要灭亡了，我不会做（周人的）奴隶。我劝告王子逃走，我早就说过（王）会害你的；王子若不出走，我们殷国就完了。各人要为自己打算打算，人人要各自有所贡献于先王，但我却不考虑逃亡的事。"

周　书

牧誓

　　牧，地名；在今河南淇县之南。本篇述周武王与商纣战于牧野时誓师之辞。其辞既不如《周诰》诸篇之古奥；篇中又以"夫子"为第二称谓，乃战国以来之习惯用法（说见《洙泗考信录》卷二），知其为战国时人述古之作。

　　时甲子昧爽，王朝至于商郊牧野，乃誓[1]。

注释

　　1　甲子，据《史记·周本纪》，乃武王十二年二月甲子日，而《齐太公世家》又以为十一年正月甲子。二者孰是，尚无定论。昧爽，天微明日未出时：据孙《疏》说。王，谓武王。朝，早：《尚书故》说。商郊，商都之郊。牧野，牧之郊野。

译文

　　那时是甲子日天刚刚黎明，王老早就到了商都郊外牧的旷野，于是就宣誓了。

王左杖黄钺，右秉白旄以麾；曰："逖矣西土之人¹。"

注释

1　杖，持。钺，大斧。秉，持。旄，旄牛尾。麾，指挥。逖，远。西土，西方。周在西方，所率以伐殷者，皆西方之诸侯；故云西土之人。

译文

王左手拿着一把黄色大斧，右手拿着一条白旄牛尾来指挥，说："（路程真）远呀！（我们这些）西方的人们。"

王曰："嗟！我友邦冢君、御事、司徒、司马、司空、亚、旅、师氏、千夫长、百夫长，及庸、蜀、羌、髳、微、卢、彭、濮人¹。称尔戈，比尔干，立尔矛，予其誓²。"

注释

1　冢君，犹言大君，乃尊称各诸侯之词。御事，众官员。司徒，掌民政；司马，掌兵事；司空，掌土地。亚、旅，皆官名，其职掌未详。师氏，将兵之官。蔡《传》："千夫长，统千人之帅；百夫长，统百人之帅也。"庸，在今湖北郧阳县。蜀，在今四川北部。羌，《说文》："西戎牧羊人也。"髳（máo），《核诂》谓即茅戎；在旧陕州河北县，当山西南部滨河之地。《核诂》谓微、眉通，亦即郿；在今陕西郿县。卢，即春秋时之卢戎；在今湖北襄阳南。彭，在今四川彭县。濮，《便读》谓在湖北荆州府。八国皆蛮夷戎狄，故与友邦分别言之。

2　称，举。比，附；谓附近身体。干，盾。

译文

王说："唉！我们友邦的大君们、办事的官员们、司徒、司马、司空、亚、旅、师氏、千夫长、百夫长，以及庸、蜀、羌、髳、微、卢、彭、濮诸国的人们，举起你们的戈，把你们的盾附在身上，把你们的矛竖立起来，我要宣誓了。"

王曰："古人有言曰：'牝鸡无晨。牝鸡之晨，惟家之索[1]。'今商王受，惟妇言是用[2]。昏弃厥肆祀，弗答；昏弃厥遗王父母弟，不迪[3]。乃惟四方之多罪逋逃，是崇是长[4]，是信是使，是以为大夫卿士；俾暴虐于百姓，以奸宄于商邑。

注释

1　晨，谓司晨。索，萧条。此谓牝如于晨间效公鸡之鸣，则其家必衰败。今台湾尚有此俗。

2　受，纣名。妇，谓妲己。

3　昏，读曰泯；昏弃，泯弃也：《述闻》说。肆，享祭宗庙也：见《周礼·大祝》郑注。答，谓报答神恩。"昏弃厥遗王父母弟不迪"，《史记·周本纪》说为"昏弃其家国，遗其王父母弟不用"。然汉石经"厥""遗"二字连文；是知《史记》之说，乃太史公解释之语，非"厥""遗"二字之间，本有"家国"二字。遗，留。王父母弟，谓纣之弟辈。纣之父为王，故云王父母；非谓祖父母也。迪，用。

4　逋，逃。多罪逋逃，谓罪恶多而逃亡之人。崇、长，皆谓尊敬。

译文

王说："古人有句话道：'母鸡没有早晨啼叫的。若母鸡早晨啼叫起来，那么这家必定会萧条的。'现在商国的君王受，专门采用妇人的话。废止了他的祭祀，不报答神的恩惠；舍弃了他先王遗留下的他的同父母兄弟，而不任用。却只是把天下的罪恶多端的逃亡者，来推崇、来尊敬，来信任、来使用，让他们做大夫和卿士，使他们暴虐民众，在商国作乱。

"今予发¹，惟恭行天之罚。今日之事，不愆于六步、七步，乃止齐焉。夫子勖哉²！不愆于四伐³、五伐、六伐、七伐，乃止齐焉。勖哉夫子！尚桓桓，如虎、如貔、如熊、如罴，于商郊；弗迓克奔，以役西土⁴。勖哉夫子！尔所⁵弗勖，其于尔躬有戮！"

注释

1　发，周武王名。

2　愆，过。六步、七步，谓前进之步数。齐，谓整齐行列。勖，勉。

3　一击一刺，谓之一伐。

4　尚，希冀之词；犹言庶几乎。桓桓，勇武貌。貔（pí），豹属。罴，似熊而大。迓，《匡谬正俗》作御，《史记》作禦。御、禦通，抵制。克奔，谓敌人能奔来投降者。役，使。

5　所，犹若也：《释词》有说。

译文

"现在我姬发，只有恭敬地来推行老天（对他）的惩罚。今天的事情，也不过是前进六步、七步，就停下来整齐一下行列（意谓不至于太辛劳）。你们这些人要奋勉呀！也不过是刺击四次、五次、六次、七次，就停下来整齐一下行列。奋勉呀你们这些人！在这商都的郊外，你们要发挥勇武的精神，像虎、貔、熊、罴一般。不要抵制（意谓打击）能奔来（投降的敌人），要使他们到我们西方去为我们服劳役。奋勉啊你们这些人！你们若不奋勉，那就要对你们本身施行杀戮！"

洪范

《洪范》，大法也。《书序》云："武王胜殷杀受，立武庚，以箕子归，作《洪范》。"是《书序》以本篇作于武王时也。按：本篇"恭作肃"以下五语，显袭《诗·小雅·小旻》"民虽靡膴，或哲或谋，或肃或乂"及"国虽靡止，或圣或否"诸语为之。而《小旻》之诗，盖作于东西周之际。本篇又云："王省惟岁，卿士惟月，师尹惟日。"师尹地位在卿士之下，与《诗》《书》及早期金文皆不合。知此亦后人述古之作。唯本篇言五行所代表之事物，尚约而不侈，至邹衍乃变本加厉。以此证之，可知本篇之著成，当在邹衍之前，盖约当战国初年也。刘节《洪范疏证》以为本篇当著成于秦统一之前，战国之末。恐未谛。

惟十有三祀，王访于箕子[1]。王乃言曰："呜呼！箕子。惟天阴骘下民，相协厥居，我不知其彝伦攸叙[2]。"

注释

1　有，读为"又"。祀，年。《尔雅》谓：商曰祀，周曰年。按：西周早期铜器铭文，抑或称年曰祀；知《尔雅》之说非是。王，周武王。武王十一年克殷；则十有三祀，乃克殷后之二年也。

2　阴，覆荫。骘，定也。阴骘，犹言保护。协，和。彝，常。伦，道。攸，所。叙，定。

译文

（周武王）十三年，王去拜访箕子。王于是说道："唉！箕子。老天是保护世间民众的，（使他们）互相和睦地住在一起，我不知道那经常的道理要怎样制定。"

箕子乃言曰："我闻在昔，鲧陻洪水，汩陈其五行[1]；帝乃震怒，不畀洪范九畴，彝伦攸斁[2]。鲧则殛死，禹乃嗣兴，天乃锡禹洪范九畴，彝伦攸叙[3]。

注释

1　鲧，禹父名。陻，堵塞。汩、陈，皆乱也：《尚书故》说。

2　帝，上帝。震，动。畀，与。畴，类。九畴，即下文初一至次九之九类。攸，犹乃也；下攸字同。斁，败坏。

3　锡，赐。叙，就绪，犹定也。

译文

箕子就说道："我听说在以前，鲧堵塞大水，把五行扰乱了；上帝于是动了怒，不把九类的大法授给他，那经常道理于是就败坏了。鲧就被诛责而死，禹于是继承着起来，老天因而把九类大法赐给了禹，这经常的道理才规定下来了。

"初一，曰五行；次二，曰敬用五事[1]；次三，曰农用八政；次四，曰协用五纪[2]；次五，曰建用皇极；次六，曰乂用三德[3]；次七，曰明用稽疑；次八，曰念用庶征；次九，曰向用五福，威用六极[4]。

注释

1　初，始。次，第。五行，详下文。敬，谨。按：用，犹于也；以下二用字同。

2　《广雅》："农，勉也。"协，调和。纪，谓纪岁月日等。

3　建，立；谓君权之建立。用，使用；下同。皇，君。极，法则。乂，谓治民。

4　明，谓欲明哲。稽疑，谓有疑而问之于卜筮。念，顾虑。用，于。庶，众。征，验。向，读为"飨"；养也。威，威胁；惩罚。极，谓困厄。

译文

"第一是五行，第二是敬谨地从事五件事，第三是奋勉地施行八种政治，第四是调和于五种天象时令，第五是建立君主的法则，第六是治理民众要用三种德行，第七是想要明哲就要用卜筮考察（决定）疑惑，第八是要顾虑老天的各种征兆，第九是享受五种幸福，受六种困厄惩罚。

"一、五行：一曰水，二曰火，三曰木，四曰金，五曰土。水曰润下，火曰炎上，木曰曲直，金曰从革，土爰稼穑[1]。润下作咸，炎上作苦，曲直作酸，从革作辛，稼穑作甘[2]。

注释

1　润，湿。炎，焚。曲直，可使之曲，亦可使之直。从革，言其形任从人意改变。爰，与曰古通。

2　润下，谓水。以下"炎上""曲直""从革"三事，皆仿此。作，犹则也；下同。辛，辣。甘，甜。

译文

"第一是五行：一是水，二是火，三是木，四是金属，五是土壤。水是往下润湿的，火是往上焚烧的，木料是可使弯曲、可使伸直的，金属是可任凭人意来改变形状的，土壤是可种植、收获五谷的。往下润湿的东西（味道）就咸，往上焚烧的东西（味道）就苦，可曲可直的东西（味道）就酸，形状任凭人改变的东西（味道）就辣，种植收获的东西（味道）就甜。

"二、五事：一曰貌，二曰言，三曰视，四曰听，五曰思。貌曰恭，言曰从[1]，视曰明，听曰聪，思曰睿[2]。恭作肃，从作义，明作哲，聪作谋，睿作圣[3]。

1　《汉书·五行志》注："言正曰从。"

2　睿，通。

3　作，则；下同。肃，敬。乂，治。哲，智。谋，能谋虑。圣，明通。

译文

"第二是五事：一是态度，二是言论，三是眼光，四是听觉，五是思想。态度要恭敬，言论要正当，眼光要明亮，听觉要清晰，思想要通达。态度恭敬，就能严肃；言论正当，就可以治理事务；能看得分明，那就明智了；能听得清楚，那就有计谋了；思想能通达，那就圣明了。

"三、八政：一曰食[1]，二曰货[2]，三曰祀[3]，四曰司空[4]，五曰司徒[5]，六曰司寇[6]，七曰宾[7]，八曰师[8]。

注释

1　食，谓管理民食之官。

2　货，谓掌财物之官。

3　祀，谓掌祭祀之官。

4　司空，掌民土地居处之官。

5　司徒，掌教民之官。

6　司寇，掌诘盗贼之官。

7　宾，谓掌诸侯朝觐之官。

8　师，谓掌军旅之官。

译文

"第三是八种政事：一是主管粮食的官，二是主管财物的官，三是掌管祭祀的官，四是管理人民土地居处的司空，五是掌管教育的司徒，六是捕审盗贼的司寇，七是招待诸侯的官——宾，八是主持军事的官——师。

"四、五纪：一曰岁，二曰月，三曰日，四曰星辰，五曰历数[1]。

注释

1　星，谓二十八宿。辰，谓十二辰。二十八宿迭见，以叙节气；十二辰以纪日月所会。历，历法。数，算数。

译文

"第四是五种天象时令：一是年岁，二是（每年的）月数，三是（每月的）日数，四是星辰（的观察），五是历法算数（的推算）。

"五、皇极：皇建其有极，敛时五福，用敷锡厥庶民[1]。惟时厥庶民于汝极，锡汝保极[2]。凡厥庶民，无有淫朋；人无有比德，惟皇作极[3]。凡厥庶民，有猷有为有守，汝则念之[4]。不协于极，不罹于咎；皇则受之[5]。而康而色，曰：'予攸好德。'汝则锡之福。时人斯其惟皇之极[6]。无虐茕独；而畏高明[7]。人之有能有为，使羞其行，而邦其昌[8]。凡厥正人，既富方谷；汝弗能使有好于而家，时人斯其辜[9]。于其无好德，汝虽锡之福，其作汝用咎[10]。无偏无陂，遵王之义；无有作好，遵王之道；无有作恶，遵王之路[11]。无偏无党，王道荡荡；无党无偏，王道平平；无反无侧，王道正直[12]。会其有极，归其有极[13]。曰，皇极之敷言，是彝是训，于帝其训[14]。凡厥庶民，极之敷言，是训是行，以近天子之光[15]。曰，天子作民父母，以为天下王。

注释

1　皇建，谓君权之建立。敛，聚合。时，是。敷，施。锡，与。

2　时，是。于汝极，谓取法于君。锡，与。保，守持。

3　淫朋，犹言邪党。人，谓官吏。《论语》孔注云："阿党为比。"德，谓行为。皇，君。作，为。

4　猷，谋。为，作为。守，操守。念，常思。

5　协，合。罹，遭逢。咎，过恶。受，宽容。

6　上而字，犹能也：《释词》有说。康，和。下而字，犹其也。色，面色。攸，语助词。好，喜好。时人，是人。斯，犹乃：《释词》说。皇，君。之，是。极，法。

7　茕独，孤单无依之人。畏，敬畏。高明，明智之人。

8　羞，汉李尤《灵台铭》作修，《潜夫论·思贤》篇作循；修循古通，顺也。使顺其行，谓不横加阻挠。而，汝。昌，兴盛。

9　《大义》云："正、政同字；正人，谓在官者。"方，犹常也：义见《礼记·檀弓》郑注。谷，禄。好，善。而，汝。家，谓国家。时，是。辜，罪。

10　于其，如其。好，善。《史记·宋世家》述此语无"德"字，是也：《述闻》有说。作，作为。《尚书故》云："汝用咎，犹言汝受其咎。"

11　无，勿。偏，不正。陂，本作颇；唐玄宗诏改作陂，非是。颇，头偏也。遵，循。义，法。有，犹或也：义见《广雅》。作好，谓私心作偏好。下文作恶视此。路，犹道也。以上六句谓民。

12　助私曰党。荡荡，平坦。平平，平易。反，反复。侧，倾倒。反侧，不正直也。以上六句谓君。

13　会，谓君聚会臣。归，谓臣归附君。有极，谓合于极。

14　曰，更端之词。敷言，所陈述之言。彝，法。"是训"之"训"字，教也；谓教民。帝，上帝。"其训"之"训"字，顺也。言顺于上帝。以上三句谓君。

15　训，顺。行，实行。近，接近。光，光明。以上四句谓民。

译文

"第五是君主的法则：君主建立君权是要有法则的。聚集五种幸福，用来普遍地施与那些民众。于是那些民众就效法你的法则，跟你共同保持这法则了。凡是民众，没有邪恶的党派；官员们也没有偏袒他们私党的行为，只是以君主作为法则。凡是民众，有计划、有作为、又有操守的，你就要把他们常常放在心中。若有人不合法规，但也不至于陷入罪恶，君主就要宽容他。若有人能够和颜悦色，并且说：'我爱好美德。'你就要赐予他幸福。这种人就会以君主为法则。不要暴虐孤苦无依的人，而要敬重畏惧明智的人。假如一个人（官员）有才能、有作为，就使他顺利地去行，你的国家就会强盛。凡是官员们，政府既用经常的俸禄使他们富足；你若不能使他们对你的国家有好的贡献，这就是那些官员的罪过了。假如他没有好处，你纵使赐予他幸福，他的行为会使你受到罪过的。不要偏邪不正，要能遵循着王的法则；不要私心有所偏爱，要遵循着王所规定的道理；不要私心有所偏恶，要遵循着王所规定的道路。（王）不要有所偏私，不要偏袒同党，王的道路才能平坦；不要偏袒同党，不要有所偏私，王的道路才能平易；不要反复无常，不要偏斜不正，王的道路就会又正又直。天子聚集（领导）诸侯臣民要有法则，诸侯臣民归附天子也要有法则。以上所说关于君权建立的话，是要取法的、是要用来教导民众的；（若能这样，）那就是顺从上帝了。凡是民众们，对于上述的话，若能服从能实行，那就可以接近天子的光明了。（民众所以要接近天子的光明，）因为天子是人民的父母，是天下的君王。

"六、三德：一曰正直，二曰刚克，三曰柔克[1]。平康正直，强弗友刚克，燮友柔克；沈潜刚克，高明柔克[2]。惟辟作福，惟辟作威，惟辟玉食[3]。臣无有作福作威玉食；臣之有作福作威玉食，其害于而家，凶于而国。人用侧颇僻，民用僭忒[4]。

注释

1　正，不邪。直，不曲。刚克、柔克，谓性情过刚或过柔。

2　平，正。康，和。友，顺。燮，和。"沈潜刚克""高明柔克"两"克"字，义皆同剋，治也。沈潜者，性情过柔之象；高明者，性情过刚之象。

3　辟，君。作福、作威，谓有造福于人及惩罚人之权。马融云（见《史记集解》）："玉食，美食。"按：古人有食玉屑之说，见《周礼·天官·玉府》郑司农注。此玉食，疑即食玉屑。

4　人，谓官吏。侧，倾斜；颇，偏；僻，邪：皆谓不正。僭，过分。忒，恶。

译文

　　"第六是三种德行：一是不邪不曲，二是刚强过度，三是柔弱过度。平正中和就是正直，倔强而不温和就是刚强过度，和顺而不坚强就是柔弱过度；沈潜的人要用刚强来治他，高明的人要用温柔来治他。只有君主可以有造福于人之权，只有君主有加人以刑罚之权，只有君主可以享受玉食。官员们没有权造福于人、惩罚人和享受玉食。官员们若有权造福于人、惩罚人和享受玉食，那就会对你的国家有所妨害，给你的国家带来凶灾。（因为）官员要是这样，就偏邪不正，民众们也就不守本分而造成过错了。

　　"七、稽疑：择建立卜筮人[1]，乃命卜筮。曰雨，曰霁，曰蒙，曰驿，曰克，曰贞，曰悔。凡七，卜五，占用二，衍忒[2]。立时人作卜筮，三人占，则从二人之言。汝则有大疑，谋及乃心，谋及卿士，谋及庶人，谋及卜筮。汝则从、龟从、筮从、卿士从、庶民从，是之谓大同；身其康强，子孙其逢：吉[3]。汝则从、龟从、筮从、卿士逆[4]、庶民逆：吉。卿士从、龟从、筮从、汝则逆、庶民逆：吉。庶民从、龟从、筮从、汝则逆、卿士逆：吉。汝则从、龟从、筮逆、卿士逆、庶民逆：作内，吉；作外，凶[5]。龟筮共违于人：用静，吉；用作，凶[6]。

注释

　　1　择，选。建，立。以龟占吉凶，曰卜。以蓍占吉凶，曰筮。

　　2　雨，谓龟兆作雨形；以下四事仿此。霁，雨止云气在上。

蒙，雾。驿，古文作圛，读为"涕"。《说文》："圛者，升云半有半无。"克，郑玄云（见《史记集解》）："如禒气之色相犯也。"内卦曰贞。外卦曰悔。卜五，谓占龟兆用雨至克五事。占用二，谓以易占则用贞悔二事。衍，推演。忒，变化。

3　时人，是人；谓掌卜筮之人。汝则有大疑之则，义犹若也：《释词》有说。大同，谓意见完全一致。身，谓自身。逢，大，犹盛旺也：《述闻》说。

4　逆，不顺从。

5　内，谓家内事。外，谓外事；即国事。

6　静，无所动作。作，动作。

译文

"第七是卜问疑惑：选择而建立掌管龟卜和易筮的官员，而使他们卜龟、占卦。（龟兆）有的像雨，有的像雨止而云气在上，有的像雾，有的像若有若无的浮云，有的像互相侵犯的凶灾气色；（卦象）有内卦，有外卦。（龟兆和卦象）共七种，属于龟卜的有五种，以易占时用两种，（据上述各种兆象）推演而变化之。设立了这人担任龟卜和易筮，假如三个人来判断龟兆和卦象，要遵从两个人的说法。你假如有重大的疑问，要自己考虑考虑，然后跟官员们商量，然后再跟民众商讨，然后再就龟卜和易筮来商讨。若你赞成、龟卜赞成、占筮赞成、官员们赞成、民众赞成，这就是意见全体一致，那么你就会安康强健，你的子孙也一定会盛旺：这自然是吉祥的了。若你赞成、龟卜赞成、占筮赞成，而官员们反对、民众反对：这还是吉利的。官员赞成、龟卜赞成、占筮赞成，而你反对、民众反对：这也是吉利的。民众赞成、龟卜赞成、占筮赞成，而你反对、官员反对：这也是吉利的。若你赞成、龟卜赞成，而占筮反对、官员们反对、民众反对：做家庭方面的事，是吉利的；若做朝廷方面的事，就不吉利。龟卜和占筮的结果都与人的意见不同：那么无所作为，是吉利的；若有所作为，就凶险了。

"八、庶征：曰雨，曰旸，曰燠，曰寒，曰风，曰时[1]。五者来备，各以其叙，庶草蕃庑[2]。一、极备凶；一、极无凶[3]。曰休征：曰肃，时雨若；曰乂，时旸若；曰哲，时燠若；曰谋，时寒若；曰圣，时风若[4]。曰咎征：曰狂，恒雨若；曰僭，恒旸若；曰豫，恒燠若；曰急，恒寒若；曰蒙，恒风若[5]。曰，王省惟岁，卿士惟月，师尹惟日[6]。岁月日时无易，百谷用成，乂用明，俊民用章，家用平康[7]。日月岁时既易，百谷用不成，乂用昏不明，俊民用微[8]，家用不宁。庶民惟星，星有好风，星有好雨[9]。日月之行，则有冬有夏；月之从星，则以风雨[10]。

注释

1 旸，晴。燠，暖。时，合乎时。

2 五者，谓雨、旸、燠、寒、风。来备，备来。叙，次序（意谓节候）。蕃，与繁通，茂盛。庑（wú），丰盛。

3 一，谓五者中之一。极备，过多。极无，过少。

4 休征，政事美善之征兆。肃、乂、哲、谋、圣，见前注。时雨，合时之雨；以下仿此。若，句末语助词。下同。

5 咎征，过恶之征兆。狂，狂妄。恒雨，久雨；以下仿此。僭，差错。豫，逸乐。急，严急。蒙，昏暗。

6 《便读》云："省，察视也。"又云："师，众也。尹，治事者也。"

7 易，改变常态。用，犹以也。乂，政治。俊，多才智。章，显著。康，安。

8 微，不显著。

9 好，读去声。旧说箕星好风，毕星好雨。

10 月经于箕星则多风，遇毕星则多雨。以，犹有也：《核诂》说。自"曰王省惟岁"至"则以风雨"凡八十七字，与上文不相应。《东坡书传》移此节于五纪"五曰历数"之下，其说可取。

译文

"第八是各种征兆：就是下雨、晴天、温暖、寒冷、刮风和适时。这五种（气象一年中）全来了，而且各种气象都照着应当发生的次序发生，那么，一切草木就都繁盛了。每一种现象太多了，那是凶的；每一种现象太少了，也是凶的。良善的象征：（天子若）严肃，那就会有及时雨；（天子若）有治国的才干，那就会及时晴朗；（天子若）明智，那就会及时温暖；（天子若）有计谋，那就会及时寒冷；（天子若）明达，那就会及时刮风。过恶的象征：（天子若）狂妄，那就久雨不止；（天子若）有过错，那就久晴不雨；（天子若）好享安乐，那就经常温暖；（天子若）严酷急切，那就经常寒冷；（天子若）愚昧不明，那就经常刮风。对于君主，要就一年的情形来观察；高级官员，就一月的情形观察；普通官员，则就一天的情形观察。全年全月全日和四时都没改变常态，一切农作物就因而成熟了，政治也就修明了，杰出的人才也就显达了，国家也就太平安宁了。全日全月全年和四时若改变了常态，则一切农作物就不能成熟，政治也就黑暗而不修明，杰出的人才也就不能显达，国家也就不能安宁了。民众的象征是星儿，星有爱好风的，星有爱好雨的。日月运行起来，（固然可以）有冬季和夏季（意谓天子、卿士固然可以成就国家大事）；但月亮若遇到星儿，那也就会刮风下雨（意谓百姓虽微贱，也可以影响政府）。

"九、五福：一曰寿，二曰富，三曰康宁，四曰攸好德，五曰考终命[1]。六极：一曰凶短折，二曰疾，三曰忧，四曰贫，五曰恶，六曰弱[2]。"

注释

1　此攸好德，与皇极之"予攸好德"异义，《便读》云："攸，修也。"好，读上声，美善也。考，老。考终命，谓老而以寿终。

2　凶，谓横死。短折，夭折。弱，体弱。

译文

"第九是五种幸福：一是寿高，二是富裕，三是健康安宁，四是修养美德，五是年老而得善终。六种困厄：一是横死而夭折，二是生病，三是忧愁，四是贫穷，五是过恶，六是身体衰弱。"

金縢

金縢，金属之绳也。因篇中有"以启金縢之书"语，故以名篇。《书序》以本篇为周公所作，而篇中屡言"周公"，或但称周公曰"公"：知《书序》之说非是。《东坡书传》云："金縢之书，缘周公而作，非周公作也。"其说良是。按：本篇文辞平易，不类西周时作品，殆春秋或战国时人述古之作也。

既克商二年，王有疾，弗豫[1]。二公曰："我其为王穆卜[2]。"周公曰："未可以戚我先王[3]。"

注释

1　周武王十一年克商；既克商二年，即武王十三年。王，周武王。豫，《尔雅》："安也。"自汉以来，谓天子病曰不豫。

2　二公，《史记》以为太公及召公。穆，敬。

3　戚，动心：《尚书故》引戴钧衡说。

译文

已克服商国两年后，（武）王生了病，不安康了。二公说："我们要为君王恭敬地占卜。"周公说："（只是占卜）不能够感动我们的先王。"

公乃自以为功，为三坛同墠[1]。为坛于南方，北面、周公立焉；植璧秉珪[2]，乃告大王、王季、文王。

注释

1　公，谓周公。功，事。筑台曰坛。三坛，太王、王季、文王各一坛。墠，扫地以备祭祀。

2　郑玄云（见《正义》）："植，古置字。"秉，持。璧、珪，皆贵重玉器，用以礼神者。

译文

（周）公于是把这事当作自己的任务，筑起了三座台子，把它们都打扫干净。另外，又在南方筑了一座台子，周公面向北方站在（南方的）台子上；安放下璧拿着珪，于是来祷告太王、王季、文王。

史乃册祝曰[1]："惟尔元孙某，遘厉虐疾；若尔三王，是有丕子之责于天，以旦代某之身[2]。予仁若考[3]，能多材多艺，能事鬼神；乃元孙[4]不若旦多材多艺，不能事鬼神。乃命于帝庭，敷佑四方，用能定尔子孙于下地；四方之民，罔不祇畏[5]。呜呼！无坠天之降宝命，我先王亦永有依归[6]。今我即命于元龟，尔之许我[7]，我其以璧与珪，归俟尔命；尔不许我，我乃屏[8]璧与珪。"

注释

1　《核诂》云："史，谓内史，主作册之事。"按：册祝，谓作册文以祝告于神。

2　元，长。二"某"字，皆应作发；发，武王名。因避讳，故代以"某"字。遘，遭遇。厉，危。虐，恶。是，读为"寔"；实也。丕，《史记》作负。按：负，荷也；犹言保护。

3　《述闻》云："若，而也。"于省吾谓金文考与孝通，此"考"字应读为"孝"。

4　乃元孙，汝长孙也；谓武王。

5　命于帝庭，谓武王受命于上帝。王国维谓"敷佑四方"，即盂鼎之"匍有四方"。按：即普有天下。下地，即地上；犹言人间。祇畏，敬而畏之。

6　无，勿。坠，失。宝命，谓国运。依归，倚靠。

7　即命，就而听命。元龟，大龟。"尔之"之"之"，犹若也。

8　屏，藏；谓不献于神。

译文

史官于是用作好的册文祷告说："你们的长孙某人，遭遇了又厉害又险恶的病；像你们三王，在天上实在应有保护你们子孙的责任，就用旦来代替某的身子吧。我仁厚而又孝顺，又有许多才能许多技艺，能侍奉你们的神灵；你们的长孙不像旦这么才能多、技艺多，不能侍奉神灵。可是他是在上帝的庭院中接受了任命，来普遍地保有天下的，因而就能够在人间安定你们的子孙；天下的人，对他没有不尊敬而畏惧的。唉！（你们三位先王）不要丧失了老天降给我们的宝贵国运，我们的先王也就永远有依靠了。现在我来听命于大龟，你们若允许我（的请求），我就把璧与珪（两种高贵玉器）献给你们，然后回去等待你们的命令；你们若不允许我，那我就把璧与珪收藏起来。"

乃卜三龟，一习吉[1]。启籥见书，乃并是吉[2]。

注释

1　三王各卜以龟，故云三龟。一，一致，犹言通通地。习，重复。

2　《述闻》云："书者，占兆之辞。籥者，简属，所以载书……启，谓展视之。"

译文

于是占卜了三只龟，通通都是吉利的。再展开（占卜的）简册对照所载的占辞，也都是吉利的。

公曰："体，王其罔害；予小子新命于三王，惟永终是图[1]。兹攸俟，能念予一人[2]。"

注释

1　体，卜兆。其，将然之词。罔，无。新命，新受命。或谓：新，假为亲；言亲自受命；亦通。永终，犹永久。图，谋。

2　攸，犹以也。念，眷顾。予一人，周公自谓也。《尚书》二十八篇中，言予一人、予冲子、予小臣……者，凡三十七例，予字皆用于同位，无一例外。知此处之予一人，亦谓周公，非谓武王也。周法高《"明保予冲子"辨》有说。

译文

公说："从龟兆来看，王将不会有什么灾害；我这年轻人刚刚向三位先王接受了命令，先王也是往永久处去计划的，现在我们就在这里等着吧，先王能体念我个人的。"

公归，乃纳册于金縢之匮中。王翼日乃瘳[1]。

注释

1　册，即前文册祝之册。匮，柜。金縢之匮，用金属绳束扎于外之柜。翼，与翌通。瘳，病愈。

周公回来，就把祷告三王的册子放进金属绳子所捆扎的柜子里。第二天王的病就好了。

武王既丧[1]，管叔及其群弟乃流言于国，曰："公将不利于孺子[2]。"周公乃告二公曰："我之弗辟[3]，我无以告我先王。"

注释

1　丧，亡。《史记·封禅书》谓武王克商后二年而崩，郑玄谓武王崩于克殷后四年（见《诗·豳谱》正义），《逸周书·明堂》篇谓武王崩于克殷后六年，《管子·七臣七主》篇谓武王崩于克殷后七年，诸说未详孰是。

2　管叔，名鲜，文王第三子。弟，谓蔡叔、霍叔。三叔皆封于殷故城而监殷民。流，散布。孺子，稚子；谓成王。

3　之，犹若。辟，与避通；谓避走不复摄政。

译文

武王既已死去，管叔和他的几个弟弟就在国内散布谣言，说："（周）公将要对小孩子（成王）不利了。"周公于是告诉二公说："我若不回避摄政的任务，我就无法报告我们的先王。"

周公居东二年，则罪人斯得[1]。于后，公乃为诗以贻王，名之曰《鸱鸮》；王亦未敢诮公[2]。

注释

1 《史记》谓居东二年，即伐武庚及诛管叔放蔡叔之事。兹从其说。罪人，谓管蔡、武庚等。

2 王，谓成王。《鸱鸮》之诗，见《诗·豳风》。诮，责让。

译文

周公在东方居住了两年，于是，罪人就得到了。以后，公就作了一首诗送给王，这首诗的名称叫作《鸱鸮》，王也没敢谴责周公。

秋，大熟，未获，天大雷电以风[1]，禾尽偃，大木斯拔[2]；邦人大恐。王与大夫尽弁，以启金縢之书[3]，乃得周公所自以为功、代武王之说。二公及王，乃问诸史与百执事[4]。对曰："信[5]。噫！公命，我勿敢言。"王执书以泣，曰："其勿穆卜[6]。昔公勤劳王家，惟予冲人[7]弗及知；今天动威，以彰[8]周公之德；惟朕小子其新逆，我国家礼亦宜之[9]。"

注释

1 秋，郑玄云："周公出二年之后明年秋也。"熟，谷物成熟。雷电，今文本作雷雨；是。《述闻》有说。以，犹及也。

2 偃，仆倒。拔，连根拔出。

3 弁，朝服。启，开。

4 百执事，谓诸史以外之各官吏。

5 信，实在。

6 穆，敬。

7 冲人，幼年人。

8 彰，显著；表扬。

9 新，马融本作亲（见《释文》）；是。逆，迎。

译文

（这年）秋天，五谷全都成熟，但还没收获，天降下了大雷大雨并且刮着大风，所有的谷物都仆倒了，大树都被连根拔出来，国人都惊慌得很。王于是和高级官员们都穿上了朝服，来打开用金属绳子捆着的祷告书，于是得到了周公自愿负责、代替武王死的说法。二公和王就问众史官及所有办事的官员，他们回答说："真的。唉！公命令我们，我们不敢说。"王拿着书流泪，说道："不需要再去敬谨地占卜了。当年公为我们国家勤劳，只有我这年轻人不知道；现在老天发威来表扬周公的美德；（因此）我这年轻人要亲自去迎接他，照我们国家的礼制说，这也是应该的。"

王出郊，天乃雨[1]。反风，禾则尽起。二公命邦人，凡大木所偃，尽起而筑之[2]，岁则大熟。

注释

1 雨，当作霁：《述闻》有说。

2 起，谓扶起。筑，谓于树根筑土使固。

译文

王走出了郊外，天就晴起来了。（而且）刮起了回头风，谷物就都竖立起来。二公吩咐国民，凡是仆倒的大树，通通把它们扶起来，并用土捣得坚固，于是年成就大大丰盛了。

大诰

　　诰，告也。大诰，普遍告知天下之人也。《书序》
云："武王崩，三监及淮夷叛；周公相成王将黜殷，作
《大诰》。"《史记·鲁世家》之说略同。按：本篇是
否周公所作，虽不能定；然文辞古奥，与西周金文相
似。其为西周初年作品，则无可疑。

　　王若曰："猷，大诰尔多邦，越尔御事[1]。弗吊，天降割于
我家，不少延[2]。洪惟我幼冲人，嗣无疆大历服[3]。弗造哲，迪民
康，矧曰其有能格、知天命[4]？已，予惟小子，若涉渊水，予惟
往求朕攸济[5]。敷贲，敷前人受命，兹不忘大功，予不敢闭于天
降威用[6]。

注释

　　1　王，谓成王。若曰，如此说：义见《盘庚》。蔡《传》：
"猷，发语辞也。"多邦，谓各诸侯之国。越，与也：义见《广
雅》。御事，执事之人；此指周之官吏。

　　2　弗吊，犹言不幸：王国维有说。割，马融本作害（见《释
文》）；祸害也。指武王之丧言。少，稍。延，缓。

　　3　洪惟，发语词；与毛公鼎之弘唯同。嗣，继承。无疆，犹
言无边；谓大也。历，历数。服，职事。大历服，谓王位。

　　4　造，成为。哲，明智。《便读》云："迪，导也。"矧，

况。格，使神降临。

5　《便读》："已，噫也。"渊，深水。济，渡过。

6　王莽大诰袭此文，以"奔走"二字译"贲"字。段玉裁据莽诰，疑"敷贲"之"敷"为衍文。其说可取。敷，施行。兹，如此。忘，读为"亡"；失掉。大功，谓前人开国之功。闭，拒绝。《便读》云："威用，犹作威也。"

译文

王如此说："啊，我普遍地来告诉你们这许多诸侯之国，以及你们众官员们。不幸得很，老天降下了灾祸在我家中，不稍为迟缓一点。于是我这个年轻人，就继承着无限重大的君主任务。我不够明智，（因而不能）领导民众走上安康之途，何况是说我又能感动天神降临，因而知道天命呢？唉，我这年轻人，就好像去渡过深水一样，我只是去寻求我所以能渡过的办法。我奔走着（勤勉地）施行先人所接受的时代使命，这样，才不至丧失了伟大的功业，我不敢拒绝老天降给我们的惩罚的权力。

"宁王遗我大宝龟，绍天明[1]；即命，曰：'有大艰于西土，西土人亦不静，越兹蠢[2]。'殷小腆，诞敢纪其叙[3]。天降威，知我国有疵，民不康。曰：'予复。'反鄙我周邦[4]。

注释

1　吴大澂（《字说》）及方濬益（《缀遗斋彝器考释》）皆谓金文之"文"字与"宁"字形近；此"宁"字乃"文"字之讹。宁王，即文王；下文宁武，即文武。《尚书故》云："绍为卟之借字。"《说文》："卟，卜问也。"《大义》云："天明，天命也。"按：据《易·贲卦》释文，明与命通。

2　即命，就而听命也。曰，谓占辞所云。艰，灾难。西土，谓周。亦，语词；无承上之义。静，安静。越，于。兹，谓此时。蠢，动。以上占辞。

3　《尚书故》云："王肃云：'腪，主也。'殷小主，谓禄父（武庚）。"诞，发语词。《便读》云："纪，犹理也。叙，绪也。"其绪，谓殷之王业。

4　天降威，谓武王之丧。疪，病。康，安。复，意谓复国。王先谦《尚书孔传参正》（以下简称《参正》）以为鄙之义当为图。按：金文鄙图同字，均但作晑。此鄙当读为"图"；谋也。

译文

"文王遗留给我一只大而宝贵的龟，（我就用来）卜问老天（给我们）的命运；我到龟面前来接受命令，龟卜（告诉我）说：'西方（周国）有一场大灾难，西方的人民不得安静，就在现今已经发动起来了。'殷国的那小主人（武庚），居然敢整理他的王业。因老天对我们降下惩罚来（武王死去），他（武庚）知道我们国家正有毛病（苦难），人民都不安定。就说：'我们要复国。'反而图谋我们周国。

"今蠢，今翼日，民献有十夫，予翼，以于敉宁武图功[1]。我有大事、休，朕卜并吉[2]。肆予告我友邦君，越尹氏、庶士、御事，曰：'予得吉卜，予惟以尔庶邦，于伐殷逋播臣[3]。'

注释

1　今翼日之今，义同即。翼，与翌通。按：民，当作人；

谓官吏。献，贤；此谓贤者。十夫，十人。予翼，辅佐予。于，往。敉，抚定。宁武，文王武王。图功，图谋之事业；指伐殷而言。

2 大事，谓战事。休，读为"庥"；吉祥。并吉，皆吉。

3 肆，故。越，与。王国维谓百官之长皆曰尹，唯内史尹、作册尹称尹氏。庶士，众士；疑指众武官。于，往。遹，逃亡。播，散。遹播臣，谓犯罪之臣。

译文

"现在他们已经动乱起来了，就在（这消息传来的）第二天，贤良的官员们共有十人，来辅助我，要去奠定文王、武王当年所图谋的事业。现在我有了这件大事（战争），这大事是吉祥的，我占卜的结果通通都是吉利的。所以我来告诉我友好的国君们，以及尹氏、众武官和一般的官员们，说：'我现在得到了吉利的卜兆，我只有和你们众国，去讨伐殷国的犯罪之臣。'

"尔庶邦君，越庶士、御事，罔不反曰：'艰大，民不静，亦惟在王宫、邦君室[1]。越予小子，考翼，不可征；王害不违卜[2]？'

注释

1 反曰，对曰。亦，义犹而且。管、蔡皆王室之人，武庚为邦君，故云在王宫邦君室。

2 《释词》云："越，犹惟也。"予小子，邦君庶士等自谓。于省吾谓金文考、孝通用。《便读》云："翼，敬也。"害、曷古通；何也。违，背；不听从。

译文

"你们众国君，及众武官、众官员，没有一个不对我说：'这事太艰巨了，会使人民都不得安静，而且这些作乱的人，有的与王室有关，有的是诸侯。我们这些年轻人，应该孝敬，不可去征伐他们，王何不违背龟卜？'

"肆予冲人，永思艰。曰，呜呼！允蠢鳏寡，哀哉[1]！予造天役，遗大投艰于朕身；越予冲人，不卬自恤[2]。义尔邦君，越尔多士——尹氏、御事，绥予曰[3]：'无毖于恤，不可不成乃宁考图功[4]。'

注释

1　予冲人，成王自称。《释词》："允，犹用也。"蠢，扰动。

2　造，遭。役，使。投，掷。卬，我。恤，怜悯。

3　义，宜；贯下文绥字读，言尔邦君等宜如此绥予。绥，告也：《尚书故》说。

4　无，勿。毖，《广韵》："告也。"毖恤，犹言告劳。宁考，即文考。文考，乃金文中习见之语，谓亡父也；此指武王言。

译文

"我这年轻人，很长久地考虑着这艰难的任务。说，唉！（这叛乱）用以骚扰了孤苦无依的人，可怜啊！我受到老天的指使，把重大的责任和艰巨的事情投掷在我身上；我这年轻人，也不能自我怜悯了。你们国君，及你们众官员——尹氏、

一般官员，都应该劝告我：'不要诉苦呀，不可不成就你亡父所经营的事业。'

"已，予惟小子，不敢替上帝命¹。天休于宁王，兴我小邦周；宁王惟卜用，克绥受兹命²。今天其相民，矧亦惟卜用³。呜呼！天明畏，弼我丕丕基⁴。"

注释

1 已，噫。替，废。

2 休，读为"庥"；此做动词用，犹言造福。宁王，文王；下同。绥，安。

3 相，助。矧，语词，无义。

4 明，谓显扬善人。畏，读为"威"，谓惩罚恶人。弼，辅助。丕，大。基，业。

译文

"唉！我这年轻人啊，我不敢废弃上帝的命令。老天造福于文王，振兴了我们小小的周国；当年文王都是遵从着占卜去做事，所以才能安然接受了这国运。现在老天是要帮助民众的，因而我们也要遵从着占卜行事。唉！老天是显扬善人惩罚恶人的，它将会辅助我们这伟大的王业。"

王曰："尔惟旧人，尔丕克远省，尔知宁王若勤哉¹！天閟毖我成功所，予不敢不极卒宁王图事²。肆予大化诱我友邦君；天棐忱辞，其考我民，予曷其不于前宁人图功攸终³？天亦惟用勤毖我民，若有疾；予曷敢不于前宁人攸受休毕⁴？"

注释

1　旧人，意谓老臣。丕，语词。省，记忆。若，如此。勤，勤劳。

2　闵，秘也：《尚书故》说。毖，告。《便读》云："所，词也。"按：《召诰》"王敬作所"，《君奭》"多历年所"，"所"字皆句末语助词，与此同。极与亟通，急也：《述闻》说。卒，终。图事，所图谋之事。

3　肆，故。化诱，犹言教导。棐，匪之假。忱，信。辞，与斯通，语词。此句意谓天命无常，不可专信天命而忽略人事：本《骈枝》说。考，察。前宁人，即前文人；谓亡故之祖先。攸，以。终，谓完成。

4　勤，爱惜：义见《诗·鸱鸮》正义引王肃说。毖，慰劳。休，福祥：谓王业。毕，完成。

译文

王说："你们这些人都是老官员，因此你们能够记得远年的往事，你们知道文王当年是多么勤劳啊！老天秘密地告诉我们成功，我就不敢不急切地完成当年文王所图谋的事业。所以我殷切地来教导我的友好国家的君主们；老天是不可信赖的，它将要考验我们人民，我怎么能不将祖先所经营的事业完成呢？老天是爱惜、慰劳我们民众的，就像民众生了病一样（因人们对病人最同情）；我怎么敢不将祖先们所接受的福祥（国运）完成呢？"

王曰："若昔，朕其逝[1]。朕言艰日思[2]。若考作室，既底法，厥子乃弗肯堂，矧肯构[3]？厥父菑，厥子乃弗肯播，矧肯获⁴？厥考翼其肯曰：'予有后，弗弃基⁵？'肆予曷敢不越卬敉宁王大命？若兄考，乃有友伐厥子，民养其劝弗救⁶？"

注释

1 若昔，言如昔日伐纣之事。逝，往；谓往伐武庚。

2 言，语词。艰日思，谓日思此艰难之事。

3 考，父。厎，定。筑土为房基曰堂。矧，况。架木为房顶曰构。

4 菑，新垦一岁之田。播，播种。获，收割。

5 翼，衍文：《述闻》有说。基，基业。

6 越，于。卬，我。敉，抚定。大命，谓国运。于省吾谓：《无逸》中两"皇"字，汉石经皆作兄；是皇与兄通。兄考，即皇考也。友，《汉书》作效；《核诂》疑本当作乂，故《汉书》读为"效"，而今本讹为友。乂，交互也。伐，击。民，读为"敃"，勉也。养，长。劝，鼓励。

译文

王说："像往年一样，我将要去（讨伐武庚）了。我天天在考虑着这艰难的任务。好像父亲要造一所房子，既已定下法则，可是他的儿子却不肯把房屋的地基打起来，何况是肯架起屋顶呢？父亲把田地开垦了一年，他的儿子竟然不肯播种，何况是肯收获呢？这样，父亲难道肯说：'我有后人了，不会废弃我的家业了？'所以我怎么敢不在这时来安定当年文王所受的国运？好像是一个伟大的父亲，若有人来打击他的儿子，难道他会劝勉那人、助长那人、鼓励那人（打击他的儿子）而不来救护吗？"

王曰："呜呼！肆哉尔庶邦君，越尔御事。爽邦由哲，亦惟十人，迪知上帝命[1]。越天棐忱，尔时罔敢易法，矧今天降戾于周邦[2]？惟大艰人，诞邻胥伐于厥室；尔亦不知天命不易[3]。予永念曰，天惟丧殷；若穑夫，予曷敢不终朕亩[4]？天亦惟休于前宁人，予曷其极卜？敢弗于从、率宁人有指疆土[5]？矧今卜并吉？肆朕诞以尔东征；天命不僭，卜陈惟若兹[6]。"

注释

1 肆，《尔雅》："力也。"谓用力。《便读》："爽，明也。"哲，谓明哲之人。十人，即前文之十夫。迪，语词。

2 越、粤通；语词。时，谓平时。易，轻慢：《核诂》说。戾，拂逆：《便读》说。

3 大艰人，谓管叔、蔡叔。诞，读为"延"。邻，谓武庚。胥，相。厥室，谓王室。以上略本《核诂》说。不知之"不"，读为"丕"，语词。不易，不容易。

4 永，深长。穑夫，农夫。终，谓终竟农事。

5 极，读为"亟"，屡也。率，遵循。宁人，谓前文人。指，《汉书·王莽传》作旨。按：旨与只通；是也（义见《诗·南山有台》郑笺）。

6 肆，故。诞，语词。僭，差。陈，示也：义见《国语·齐语》韦注。

译文

王说："啊！要努力呀你们众国君，及你们众官员。国家的光明由明智的人所造成，也只有你们十个人，能了解上帝（所给的）命运。老天是不可信赖的，你们在平时尚且不敢轻慢国家的法令，何况现在老天降下不顺利的事情在我们周国呢？那造成大灾难的人，请求人来攻击他自己的家室，（在这种情形之下，）你们知道天命（国运）是不容易的。我长久地考虑着：老天是要灭亡殷朝的，好像农夫一样，我怎么敢不完成我这块田地的工作呢？老天是造福给我们祖先的，我怎么还要屡次占卜呢？怎么敢不遵从（原来那吉兆），而依照祖先（的遗规）来保有这领土？何况我所占卜的都是吉兆呢？所以我要和你们同去东征；老天的命令是不会有差错的，卜兆所表现的就是这样。"

康诰

　　定公四年《左传》，谓成王分康叔以殷民七族，"命以《康诰》，而封于殷虚"。《书序》《史记》皆本其说，以为本篇乃武庚之乱平后，成王封康叔于卫之诰也。按：《史记·卫世家》索隐引宋忠云："康叔从康徙封卫。"是知康乃国名。康叔始封于此，故有康叔、康侯之称。郑玄谓康为谥号（见《正义》），实不然也。本篇既名《康诰》，时王又称康叔为弟，故知此乃康叔封于康时，武王诰之之辞。今河南省禹城县西北，有康城县故址，或以为即康叔所封之康地，未详是否。

　　惟三月，哉生魄，周公初基作新大邑于东国洛；四方民大和会，侯甸男邦采卫，百工播民，和见士于周[1]。周公咸勤，乃洪大诰治[2]。

1 按：本篇篇首四十八字，自宋苏轼以来，多以为非本篇之文，然未详为何篇之错简。故此三月，亦未详属于何年。哉，始。魄，金文通霸。《说文》："霸，月始生霸然也。"王国维以每月二、三日至五、六日为哉生霸。《便读》云："基，谋也。"洛，当作雒；谓洛（雒）水附近。和，合。会，聚集。侯、甸、男邦、采、卫，乃五种不同之侯国；与《禹贡》所谓五服及孟子所谓五等爵者不同。盖此时尚无五服之说及五等爵之制也。百工，百官。播，义同《大诰》"逋播臣"之"播"；播民，谓殷民。见，犹效也；致力也。士，义与事同。周，谓周人。

2 咸，皆。勤，慰劳。《尚书故》云："洪，读为降。"治，读为"辞"，语词：《核诂》说。

译文

这年的三月，刚出现一钩新月的那天，周公开始计划着在东方的洛水附近建设一个宏大的新城市。四方的百姓们都盛大地集合到这里来了，有侯、甸、男邦、采、卫众诸侯所带领的人，还有周的官员以及有罪的人（殷民），都尽力为周人来工作。周公通通慰劳了他们，于是宣布了一篇普告天下的文辞。

王若曰："孟侯，朕其弟，小子封[1]。惟乃丕显考文王，克明德慎罚，不敢侮鳏寡，庸庸，祗祗、威威、显民。用肇造我区夏；越我一二邦，以修我西土[2]。惟时怙，冒闻于上帝，帝休。天乃大命文王，殪戎殷，诞受厥命。越厥邦厥民，惟时叙[3]。乃寡兄勖，肆汝小子封，在兹东土[4]。"

注释

1　王，武王。孟侯，意谓诸侯之尊者。其，犹之也：《释词》有说。封，康叔名。

2　乃，汝。丕，语词。显，昭著。考，父。明德，谓施惠于人能公明。庸庸，劳也。祗祗，敬谨。威威，读为"畏威"；谓畏天威。显民，谓使民光显。肇，始开。肇造，犹言创造。居处之地曰区，西方曰夏。我区夏，谓周也。越，与。一二邦，指西土之诸侯。修，治。

3　时，是。于省吾读怙为故；谓冒闻为上闻：今从之。休，喜。殪（yì），杀。戎，《尔雅·释诂》："大也。"西周初年犹称殷曰大商，曰大邦殷。戎殷，犹言大商也。诞，语词。受厥命，谓受天命称王。越，爰；于是。厥邦厥民，谓殷邦殷民。时，是。叙，定。以上所云，乃武王以克殷之功归于文王。

4　按：寡，犹寡人之寡；寡兄，谦辞。勖，勉；谓黾勉从事。肆，陈；置。东土，指康地。

译文

王如此说："诸侯的领袖，我的弟弟，年轻的封呀。你那显赫的先父文王，能够公明地施人恩惠，谨慎地执行惩罚，不敢欺侮孤苦无依的人，他勤劳，敬谨，畏惧老天的威严，使百姓都能到达光明的境界，因而创造了我们周国，和我们一两个（少数的）西方诸侯之国，来治理我们西方这一带地方。因为这个缘故，（这情形）往天上传播，被上帝听到，上帝非常高兴。于是老天发布了一个伟大的命令给文王，使他消灭了大的殷国，而接受了做帝王的使命。于是那个国家（殷）的那些百姓就都安定了。你这不负众望的哥哥在努力奋勉着，而安置你青年封，在这东方的国家。"

王曰："呜呼！封。汝念哉！今民将在祗遹乃文考，绍闻衣德言，往敷求于殷先哲王，用保乂民[1]。汝丕远惟商耇成人，宅心知训。别求闻由古先哲王，用康保民，弘于天若[2]。德裕乃身，不废在王命[3]。"

注释

1　念，考虑。民，当读为"敃"；勉也。祗，敬。遹，述。乃文考，谓文王。《核诂》云："绍、昭古通用。"按：衣当读为"殷"。敷，普。求于殷先哲王，意谓求其政教。用，以。乂，养。

2　丕，语词。惟，思。耇，老。耇成人，年高望重者。此亦谓思其典则。宅，读为"度"。训，道。别，与辩通；遍也：《述闻》说。由，于。康，安。"弘于天若"，《荀子·富国》篇所引此语，"弘"下有"覆"字；是。若，语词。覆，被（护卫）。

3　裕，富饶。乃，汝。废，废黜。不废在王命，意谓能保持其诸侯之位。

译文

王说："唉！封。你要考虑呀！现在所要勉力的在于恭敬地追述（继承）你的先父，明审地听取殷代有德行者的言论，去普遍地寻求殷代已故的明智帝王（的政教），来保养百姓们。要往远年去思索商代老成人（的风范），然后度量于心才能了解道理。你要普遍地探求古代明智帝王（的遗规），来安定保护百姓们，才能大大地被老天所保佑。能够把美德充满在你身中，那你才能不被王命所罢免。"

王曰："呜呼！小子封。恫瘝乃身，敬哉¹！天畏棐忱，民情大可见。小人难保；往尽乃心，无康好逸豫，乃其乂民²。我闻曰：'怨不在大，亦不在小；惠不惠，懋不懋³。'已，汝惟小子，乃服惟弘王，应保殷民；亦惟助王宅天命，作新民。"

注释

1　恫，痛。瘝，病。敬，谨。

2　畏，读为"威"，惩罚。天畏，指灭纣言。棐忱，见前。大可见，谓甚易见。小人，民众。《尚书故》云："康，长也。"逸，安。豫，乐。乂，治。

3　"怨不在大"二句，意谓无论怨大怨小，皆可生祸，故宜谨慎以免怨。惠，顺。懋，勉。

4　已，噫。乃，汝。服，职事。按：弘，读为"纮"；维护。应保，与膺保同，犹容保也：《述闻》说。宅，度。作，作成之。

译文

王说："唉！年轻的封呀。（做诸侯如同）病痛在你身上一般，你要谨慎呀！老天（对殷）的惩罚是不可信赖的（意谓周人还要自己努力），百姓的心情很容易看出。百姓们是不容易保护的，要去竭尽心思，不要长久地爱好安乐，才能治理百姓。我听说：'怨恨不在乎大，也不在乎小；要顺从所不愿意顺从的意见，要勉力去做所不愿意勉力的事情。'唉！你这青年人呀，你的职责是维护王朝、接受而保护殷国人民的，也就是协助天子来度量老天的使命，使（殷国人民）成为新的民众（意谓革除旧时的恶习）。"

王曰："呜呼！封。敬明乃罚¹。人有小罪非眚，乃惟终，自作不典；式尔，有厥罪小，乃不可不杀²。乃有大罪非终，乃惟眚灾适尔，既道极厥辜，时乃不可杀³。"

注释

1　敬，谨。明，公明。乃，汝。罚，刑罚。

2　眚，过失。终，谓终其过而不肯改。典，法。式，语词。尔，如此。

3　非终，谓能改过。眚灾，因过误而致灾害（罪过）。适，偶然。道，读为"迪"；用也。极，读为"殛"，诛责也：于省吾说。辜，罪。时，是。

译文

王说："唉！封。要谨慎地使你的刑罚公明。如果有人犯了小罪而不是无心的过失，且永远怙恶不改，那是他自己（有意）去做不法的事，像这样的，他的罪恶虽小，也不可不杀他。如果有人犯了大罪而不是永远怙恶不改，而且是因无心的过失偶然遭到罪过，既已惩罚了他的罪过，像这种人就不可杀死他。"

王曰："呜呼！封。有叙时，乃大明服，惟民其敕懋和¹。若有疾，惟民其毕弃咎。若保赤子，惟民其康乂²。非汝封刑人杀人，无或刑人杀人；非汝封又曰劓刵人，无或劓刵人³。"

注释

1　《核诂》："有，犹能也。"叙，顺。时，是。明服，谓刑罚明而民众服。敕，勉力。懋，美。懋和，意谓无怨怒叛乱之事。

2　若有疾，意谓爱民周至。其，犹乃也：《释词》有说。毕，尽。弃，抛弃。《尔雅》："殄，病也。"此谓疾苦。赤子，婴儿。康，安。乂，治；平安。

3　刑人杀人，意谓擅自刑杀。劓（yì），割鼻之刑。刵，割耳之刑。

译文

王说："唉！封。你如能照着这样去做，才能使刑罚公明，人们才能佩服，那么，民众才能奋勉地走向美好和平的境界。（你对待百姓）好像他们有疾病一般，那么百姓就都会摆脱痛苦了。（你对待百姓）好像保护婴孩一般，那么百姓就都能康乐平安了。不是封可以擅自惩罚人屠杀人，你可不要任意去惩罚人屠杀人；也不是封可以擅自对人执行割鼻割耳的刑罚，你也不要任意使用割鼻割耳的刑罚。"

王曰："外事，汝陈时臬司，师兹殷罚有伦[1]。"又曰："要囚，服念五六日，至于旬时，丕蔽要囚[2]。"王曰："汝陈时臬事，罚蔽殷彝，用其义刑义杀，勿庸以次汝封[3]。乃汝尽逊，曰时叙；惟曰未有逊事[4]。已，汝惟小子，未其有若汝封之心；朕心朕德惟乃知[5]。凡民自得罪，寇攘奸宄，杀越人于货，暋不畏死：罔弗憝[6]。"

注释

1　外事，听狱之事：江声说。陈，宣示。时，是。臬，法。王国维谓古司与事通。臬司即臬事。臬事，法律也。师，取法。殷罚，殷人之刑罚。有伦，谓合理者。

2　要、幽古音近；要囚，即幽囚：王国维说。幽囚，囚系也。服，思。旬，十日。丕，语词。蔽，判断。

3　彝，法。义，善；合理。庸，用。次，《荀子·宥坐》篇引作即；就也。

4　逊，顺。曰，与聿通；语词。时，是。叙，就绪；安定。

5　已，噫。德，行为。乃，汝。

6　自得罪，自己有意犯罪。越，隙；倒。《尚书故》云："于，取也。"货，财物。暋，勉。憝，《孟子》引作敦，杀也：义见《孟子》赵注。

译文

王说："对于判断案子的事，你宣布法律，要效法这殷人合理的刑罚。"又说："要监禁罪犯，必须考虑五六天，甚至十天的时间，然后才判定应否监禁。"王说："你宣布法律，判断案子时应依据殷的法律，采用它所定的合理的刑罚和所定的合理的死刑，不要只就自己（的私见判决罪犯）。如果百姓们都服从你了，那么这就算是安定了，可是你还要说百姓们并没服从你。啊，你这青年人，没有一个能有像你这样的心肠，我的心情、我的行为只有你了解。凡是民众们自动犯罪、抢劫、偷窃或作乱，杀倒人而夺取他们的财物，尽力地为非作歹而不怕死：（对于这种盗贼）没有不该把他杀死的。"

王曰："封。元恶大憝，矧惟不孝不友[1]。子弗祗服厥父事，大伤厥考心；于父不能字厥子，乃疾厥子[2]。于弟弗念天显，乃弗克恭厥兄；兄亦不念鞠子哀，大不友于弟[3]。惟吊兹，不于我政人得罪；天惟与我民彝大泯乱；曰，乃其速由文王作罚，刑兹无赦[4]。

注释

1 元，大。憝，大恶。《释词》："矧，犹亦也。"友，爱兄弟。

2 祗，敬。服，治理。考，父。字，爱。疾，恶。

3 天显，古成语；犹言天道、天理。恭，敬。鞠子，稚子。哀，可怜。

4 吊，至。兹，此。政，与正通。政人，即正人；官吏也。彝，法。泯乱，混乱：《述闻》有说。由，《广雅》："用也。"文王作罚，文王所定之刑罚。兹，指不孝不友之人言。赦，恕罪。

译文

王说："封。大的罪恶，就是不孝顺不友爱。儿子不能恭敬地治理他父亲的事，因而大大地使他父亲伤心；做父亲的不能爱护他的儿子，反而厌恶他的儿子。做弟弟的不顾天理，而不能尊敬他的哥哥；做哥哥的也不顾小孩子的可怜，而对弟弟极不友爱。到了这地步，虽然他们对于我们官员们（谓官府）不曾得罪，然而老天给予我们民众的法则就大大地混乱了。那么你就赶快用文王所定的刑罚惩罚这种人而不要赦免他们。

"不率大戛，矧惟外庶子训人、惟厥正人、越小臣、诸节，乃别播敷，造民大誉，弗念弗庸，瘝厥君；时乃引恶，惟朕憝[1]。已，汝乃其速由兹义率杀[2]。

注释

1　率，循。蔡《传》：“戛，法也。”矧，亦。《释词》：“惟，犹与也。”外，谓非内臣。庶子，掌教公卿子弟之官。《核诂》云：“训人，亦谓掌教之官。”正人，官长。越，与。小臣，即内小臣。诸节，诸持符节之使臣。别，另外。播敷，谓宣布政令。念，谓顾念政事。《尔雅》：“庸，劳也。”瘝厥君，言使其君病痛。时，是。引，长；犹大也。憝，恶人。

2　率，音如“律”，法也。义率，善刑法也。本《核诂》说。

译文

"不遵循国家的大法，外面政府的教育界官员庶子、训人、各官长、卑微的侍臣、众外交使节，这些官员竟另外宣布政令，为自己在民众中造成伟大的荣誉，也不为政府着想，也不肯勤劳，以致使他们的君主痛苦，这才是一种大罪恶，这种人才是我的大罪人。唉，你就要赶快去用适当的刑法杀掉他们。

"亦惟君惟长，不能厥家人、越厥小臣外正，惟威惟虐，大放王命：乃非德用乂[1]。

注释

1　君、长，谓诸侯。能，善；谓善于化导。越，与。小臣，内小臣。外正，外官。放，逆。德，惠。乂，治。非德用乂，意谓当征讨之：《便读》说。

译文

"再说诸国的君长们，他们不能好好地教导他们的家人和他们的亲近小臣们，以及地方的官员们，而专门去威胁、暴虐民众，大大地违背了王的命令：（像这种人）不是用恩惠可以治理的。

"汝亦罔不克敬典，乃由裕民；惟文王之敬忌，乃裕民[1]。曰：'我惟有及。'则予一人以怿[2]。"

注释

1　敬，谨。典，法。由，用以。裕，道也（见《方言》）；即率导。之，是。敬忌，古成语，犹敬畏也：《核诂》说。

2　及，犹汲汲也：义见隐公元年《公羊传》：《尚书故》说。怿，悦。

译文

"你也不要不能够谨慎于法规，才能用以领导百姓；你要能尊敬畏惧文王（意即效法文王），才能领导民众。你要说：'我只有汲汲地工作。'那么，我个人就高兴了。"

王曰："封！爽惟民，迪吉康[1]。我时其惟殷先哲王德，用康乂民作求[2]。矧今民罔迪不适，不迪则罔政在厥邦[3]。"

1 爽惟，发语词：《释词》有说。迪，导。吉，善。康，安。

2 时其，是以：《尚书故》有说。惟，思。求，与述及仇通，匹也。作求，犹作匹、作配、作对：王国维说。按：作求，犹言媲美。

3 矧，语词。迪，导。适，从。罔政，谓无善政。

译文

王说："封！对于百姓们，要领导着他们到达善良安康的境界。我们所以要思索殷代已故的明哲君王的品德，来安定百姓，以与（殷先哲王们）媲美。现在百姓们若不加以领导，他们就无所适从；若不领导他们，在你的国中就没有良善的政治了。"

王曰："封！予惟不可不监，告汝德之说，于罚之行[1]。今惟民不静，未戾厥心，迪屡未同。爽惟天其罚殛我，我其不怨[2]。惟厥罪无在大，亦无在多，矧曰其尚显闻于天[3]。"

注释

1 不监，犹言不察。德，惠。于，犹与也：《释词》有说。罚，刑罚。行，道也：《述闻》说。

2 今惟之"惟"，犹假令也：《尚书故》有说。戾，定。迪，导。同，和。殛，诛责。

3 厥，语词。矧，语词。曰，与聿通，语词。尚，庶几；犹言其将。显，明。

译文

王说："封！我以为不可以不察，我告诉你施与恩惠的说法和施行惩罚的道理。现在假如百姓们都不安静，他们的心情还都不能安定，虽然你屡次教导他们，而还不能融洽。那么老天要是来责罚我们，我们将不会怨恨。（要知道）罪过不在乎大，也不在乎多，（只要一有罪过，）那就会明显地被老天所闻知。"

王曰："呜呼！封。敬哉！无作怨，勿用非谋非彝蔽时忱，丕则敏德[1]。用康乃心，顾乃德，远乃猷裕，乃以民宁，不汝瑕殄[2]。"

注释

1 作，制造。非谋，不善之谋。非彝，不当之法。蔽，塞。时，是；指吏民言。忱，实情。丕则，犹于是：《释词》有说。敏德，疾进于德。

2 康，平和。乃，汝。顾，犹反省。远，长远。猷裕，道也：《述闻》说。按：瑕，语助词。殄，绝。

译文

王说："唉！封。你要谨慎啊！不要制造怨恨，不要采用不完善的计谋和不适当的法规，以至蔽塞了这些（吏民的）真实情形，那么（大家）就可以敏捷地进入美德的境界。你要心地平和，反省你的行为，要使你的道理能够长久地适应，（这样）才能使百姓们安宁，才不至于使你（的国运）断绝。"

王曰："呜呼！肆汝小子封[1]。惟命不于常；汝念哉，无我殄享²。明乃服命，高乃听，用康乂民³。"

注释

1　肆，语词。

2　命，天命。不于常，犹言无常。享，祭祀。殄享，意谓国灭。

3　明，与孟通；勉也。乃，汝。服命，职事。高，犹广也：于省吾说。

译文

王说："唉！你这青年人封。命运是无常的，你要留心呀，不要使我们断绝了祭祀（国家灭亡）。要奋勉于你的职务，扩充你的见闻，用来安定人民、治理人民。"

王若曰："往哉封！勿替敬典；听朕告汝，乃以殷民世享¹。"

注释

1　替，废。敬典，应谨守之法典。听，从。世享，世世祭祀；意即永保其国。康地盖皆殷遗民，故云乃以殷民世享。

译文

王如此说："去吧封！不要废掉了应当谨守的法典，听从我所劝告你（的话），才能和殷的百姓们世世代代地奉行祭祀。"

酒诰

本篇所言，皆戒酒之事，故以《酒诰》名篇。《史记·卫世家》及《书序》，皆谓此乃康叔封于卫时，周公以成王命告之之辞，兹从之。因所告者为康叔，故《韩非子·说林》篇谓本篇为《康诰》。

王若曰："明大命于妹邦[1]。乃穆考文王，肇国在西土；厥诰毖庶邦庶士，越少正、御事，朝夕曰：'祀兹酒[2]。'

注释

1　王，成王也。三家及马郑本，王上皆有"成"字。明，谓昭告。命，命令。妹邦，马融谓即牧野，商纣旧都附近之地也；在今河南淇县境。

2　乃，汝；指康叔言。穆，美。肇，开创。毖，告也；教也：《述闻》及王国维并有说。诰毖，告教。越，与。孙《疏》云："少正者，正人之副。"即副长官。祀读为"已"，止也：《平议》说。

译文

王如此说："明白地发布一个大的命令在妹邦。你那美好的先父文王，开创了国家在西方；他教导众国家众官员们，以及副长官和一般官吏们，早晚地告诫说：'停止这样喝酒吧。'

"惟天降命肇我民，惟元祀[1]。天降威，我民用大乱丧德，亦罔非酒惟行。越小大邦用丧，亦罔非酒惟辜²。

注释

1　天降命，谓付君主以天下：王国维说。肇我民，犹言肇国。惟元祀，意谓开国改元。

2　行，犹风行之行，谓普遍使用。越，语词。辜，罪。

译文

"老天降下命令使我们开始拥有这些百姓，于是我们就开国改元了。老天降下来惩罚（灾难），我们民众因而大大地混乱而丧失了德行，也没有不是由于喝酒之风流行的关系。不管小国、大国之所以灭亡，也没有不是酒的罪过。

"文王诰教小子，有正、有事，无彝酒¹。越庶国饮，惟祀，德将、无醉²。惟曰：'我民迪小子惟土物爱，厥心臧，聪听祖考之彝训。越小大德，小子惟一³。'

注释

1　小子，犹青年人。有，语助词。正，官长。事，一般官吏：说详立政。无彝酒，勿常饮酒。

2　越，语词。庶，众。祀，谓祭祀时。将，扶持。

3　民，读为"敃"，勉也：《核诂》说。迪，导。孙《疏》云："土物者，土所生之物，谓黍稷。"爱，惜。聪，明。彝训，法教。越，语词。按：德，行为。一，专一不贰。

"当年文王告诫青年们，和主管长官们、一般官员们，不要常常喝酒。诸国的人如喝酒，只有在祭祀时喝些，但要用道德来扶持（约束）、不要喝醉。那是说：'我勉力地领导着青年爱惜谷物，使他们的心地善良，明白地听从他们祖先、父亲那合理的教训。不管小行为或大行为，青年人都要表现出一贯不贰的态度。'

"妹土嗣尔股肱，纯其艺黍稷，奔走事厥考厥长[1]。肇牵车牛远服贾，用孝养厥父母；厥父母庆，自洗腆，致用酒[2]。

注释

1 妹土，即妹邦。嗣，继。股肱，指臣民言。纯，专也：义见《国语·晋语》贾逵注。艺，种。奔走，意谓勤勉。

2 肇，语词。服，从事。庆，善；喜。洗，当读为"先"。《易·系辞传》"圣人以此洗心"之洗，汉石经及京荀诸家皆作先；是洗与先通。先，犹导也：《述闻》说。腆（tiǎn），设盛馔也：《便读》说。用酒，谓饮酒。

译文

"妹邦的人继续着做了你的大腿和膀臂（臣民），（让他们）专一地种植各种谷物，而勤勉地侍奉他们的父亲和他们的尊长。（或者）牵着牛车远远地去经商，来孝顺奉养他们的父母；他们的父母高兴了，自己率先准备了盛馔，以致喝了酒（意谓像这情形，可以喝酒）。

"庶士、有正，越庶伯君子，其尔典听朕教[1]。尔大克羞耇惟君，尔乃饮食醉饱，丕惟曰，尔克永观省，作稽中德[2]。尔尚克羞馈祀，尔乃自介用逸[3]。兹乃允惟王正事之臣；兹亦惟天若元德，永不忘在王家[4]。"

注释

1 庶伯，谓众诸侯。君子，谓在官位者。其尔，犹尔其也：《尚书故》说。典，常。

2 羞，进献。耇，老。惟，与。丕惟，语词。永，长。省，谓自我反省。作，则。稽，合。中，中正。

3 尚，庶几。羞，进奉。馈祀，祭祀。介，与匄通；祈求。逸，乐。

4 允，诚。正，长官。事，一般官吏。若，顺。元德，谓有善德者。忘，与亡通；灭亡。

译文

"你们众官员、众主管长官，及众诸侯等在位的人们，你们要经常听从我的教训。你们要是能盛大地奉献酒食给老年人和君长，你们才可以喝醉吃饱。就是说，你们能永远自我观察、反省，就能合乎中正的美德了。你们要能奉行祭祀，你们才可以自己祈求着逸乐。这样，那就真正算是君王的主管官或一般官员；这样，就是老天也会顺从有美德的人，而永远不会被王朝所灭亡了。"

王曰："封。我西土棐徂邦君、御事、小子，尚克用文王教，不腆于酒[1]。故我至于今，克受殷之命。"

注释

1 棐，与匪通，彼也。徂，与金文常见之戜同，语词：于省吾说。腆，丰厚；意谓沉湎。

译文

王说："封。我们西方那些国君、众官员、青年们，尚且能够遵从文王的教训，不过度地去喝酒。所以我们到今天，能接受了殷的命运。"

王曰："封。我闻惟曰，在昔殷先哲王，迪畏天，显小民，经德秉哲[1]。自成汤咸至于帝乙，成王畏相[2]。惟御事厥棐有恭，不敢自暇自逸，矧曰其敢崇饮[3]？越在外服，侯、甸、男、卫邦伯；越在内服，百僚、庶尹、惟亚、惟服、宗工，越百姓里居，罔敢湎于酒；不惟不敢，亦不暇。惟助成王德显，越尹人祗辟[4]。

注释

1 迪，与攸通；语词。经，行。秉，持。哲，智。

2 咸，遍也：《参正》引江氏说。帝乙，纣父。成王，成就王业。畏，敬。相，辅佐之臣。

3 棐，与斐通，文采貌；形容"恭"字。有，犹以也。矧，况。崇，聚。

4 服，职官。外服，谓诸侯。伯，长。邦伯，国君。僚，官。尹，正；官长。惟，与。亚，副；次官。服，职事；指群吏言。宗工，在官之宗人。百姓里居，孙《疏》谓致仕家居之百官。姑从其说；疑"里居"当是"里君"之讹。湎，沉迷。助成，辅助之使成就。越，与。尹，治。人，指人民。祗，敬。辟，法。

译文

王说："封。我听见说，以前殷代已故的明智君王，都敬畏老天，能使百姓们光明（美好），能实行美德保持着智慧。从成汤开始，普遍数来直到帝乙，都能成就王业、尊敬辅佐的大臣们。他们那些官员都非常谦恭，不敢使自己安闲、快乐，何况说他们敢聚集起来喝酒？在外地的职官，像侯国、甸国、男国、卫国等国君；在朝中的职官，像各级官员们、众长官、副长官、其他官员们、从政的王族，以及退休家居的官员们，没有人敢沉迷于酒的；不但不敢，也没有闲工夫。他们只是辅佐着君主来助成他的品德光明，以及治理人民使他们谨遵国家的法令。

"我闻亦惟曰，在今后嗣王酗身，厥命罔显于民，祗保越怨不易[1]。诞惟厥纵淫泆于非彝，用燕、丧威仪，民罔不盡伤心。惟荒腆于酒，不惟自息、乃逸[2]。厥心疾很，不克畏死；辜在商邑，越殷国灭无罹[3]。弗惟德馨香、祀登闻于天，诞惟民怨[4]。庶群自酒，腥闻在上；故天降丧于殷，罔爱于殷：惟逸。天非虐，惟民自速辜[5]。"

注释

1 后嗣王，指纣言。酗，酒乐也：见《说文》。命，命令。显，昭著。祗，但只。保，安也：见《尔雅》。越，于。易，改。

2 泆，与佚通，乐也。彝，法。燕，宴饮。威仪，态度举止。蠥（xǐ），伤痛。荒，意谓过量。逸，乐。

3 疾，害。很，狠。克，犹肯也：《核诂》说。越，于。雁，忧。

4 德馨香，意谓美德。祀，读为"已"；与以同义：《平议》说。登，升。诞，语词。惟，为。

5 腥，指酒气言。上，谓天。速，招致。

译文

"我又听说，在现今继位的君王（纣），就胡乱地自己喝酒作乐，因而他的命令就不能使民众们理会，只是安然地接受怨恨而不肯改过。他只是放纵地过度享乐而不遵守法度，由于宴饮，以致丧失了他的风度，民众们没有不悲痛伤心的。他只是过度地沉醉于酒，自己不肯停息，只顾寻求欢乐。他的心肠险恶凶狠，不肯怕死；他的罪恶在商国，对于殷国的灭亡绝不忧愁。他不能使他的品德芳香，以致上升到空中被老天闻到，而只是为民众所怨恨。大群人自由地在喝酒，腥气被上天都闻到了，所以老天降下来灭亡之祸给殷国，不再爱护殷国了：这只是为了他们过度享乐的缘故。老天并不暴虐，只是人们自己找来的罪过。

王曰："封！予不惟若兹多诰。古人有言曰：'人无于水监，当于民监[1]。'今惟殷坠厥命，我其可不大监抚于时[2]！

注释

1 监，照；察看。即后世之"鉴"字。

2 抚，览也：见《文选·神女赋》注。监抚，犹言监览：《核诂》说。时，是。

译文

王说:"封!我不如此地多多告诫了。古人有句话说:'人不要在水里去察看出自己,应该在百姓里察看出自己。'现在殷已失掉了他的国运,我们岂可以不大大地察看察看这(情形)吗!

"予惟曰,汝劼毖殷献臣,侯、甸、男、卫;矧太史友、内史友,越献臣百宗工;矧惟尔事,服休、服采[1];矧惟若畴:圻父薄违,农父若保,宏父定辟,矧汝刚制于酒[2]。厥或诰曰:'群饮。'汝勿佚,尽执拘以归于周,予其杀[3]。又惟殷之迪诸臣、惟工,乃湎于酒,勿庸杀之,姑惟教之有斯明享[4]。乃不用我教辞,惟我一人弗恤,弗蠲乃事,时同于杀[5]。"

注释

1 劼,讹字;当作诰。诰毖,告教也:王国维说。献,贤。矧,又;以下三"矧"字义同:《释词》有说。太史、内史,皆官名;掌记言记事者:说详孙《疏》。友,僚友;太史、内史,皆不止一人,故云友:《核诂》说。越,与。宗工,在官之宗人。事,一般官吏(非主管官)。服休,燕息之臣;服采,朝祭之近臣:郑玄说(见《正义》)。

2 畴,类。若畴,犹言彼辈。伪孔《传》谓圻父即司马,农父即司徒,宏父即司空;兹从其说。司马掌封圻之甲兵。薄,谓迫而击之。违,谓违戾不顺者。司徒兼主农事(说详《核诂》)。若,善。保,养。司空,主度土地居民。辟,法。刚,强。

3 诰,告。佚,谓放纵之:本孙《疏》说。其,犹将。

4　迪，《释词》以为句中语助词。惟，与。工，官。庸，用。有，于。明享，犹言祭祀，古习惯用语。参于省吾说。

5　教辞，告教之言。恤，忧；意谓顾虑。蠲，善：《便读》说。时，是。同，谓与周人同。于，以。

译文

"我是说：你告教殷国的贤臣们，以及侯、甸、男、卫等诸侯；又如太史的僚属、内史的僚属，以及贤良的官员们和从政的王族们；又如你的一般官员们，如伺候宴息的官员、侍奉朝祭的官员；还有这类官员们：如圻父迫击叛逆，农父善保百姓，宏父制定法规，还有你都要坚强地控制自己喝酒。假如有人来报告说：'群众在喝酒。'你可不要放纵他们，要把他们通通逮捕起来送到周王朝，我要把他们杀掉。要是殷国的臣仆和官员们，沉醉于酒，那就不用杀他们，只姑且教导他们在祭祀时（喝酒）。要是不遵从我告诫的话语，那就是（他们）不顾虑我个人，不能好好地处理他们的事，（假若如此，）那就同样地把他们杀死。"

王曰："封！汝典听朕毖，勿辩乃司民湎于酒[1]。"

注释

1　典，常。听，听从。毖，告教。辩，使。乃司民，汝所管辖之民。

译文

王说："封！你要经常地听从我的告教，不要使你所管辖的民众们沉醉在酒里。"

梓材

本篇有"若作梓材"之语，因以《梓材》名篇。蔡《传》谓此乃武王诰康叔之书，唯自"今王惟曰"以下，疑为周公、召公进谏成王之语，因简编断烂，误合为一篇。其说似是。

王曰："封！以厥庶民暨厥臣达大家，以厥臣达王，惟邦君[1]。

注释

1　上臣字，指众臣言；下臣字，兼指大家而言：《便读》说。达，通；谓上下情通。大夫称家。孙《疏》及《便读》以为大家，犹《孟子》所谓巨室；兹从之。惟，为。邦君，诸侯。

译文

王说："封！使你的民众及一般臣属（的情意）通达到高级官员，再使你所有官员的意见都能通达到天子，（若能做到这样，）那才可算是国君。

"汝若恒越曰：'我有师师，司徒、司马、司空、尹、旅。曰：予罔厉杀人；亦厥君先敬劳，肆徂厥敬劳[1]。肆往，奸宄、杀人、历人，宥；肆亦见厥君事，戕败人宥[2]。'

1 若，犹其也：《释词》说。恒，常。越，粤；语词。上师字，众也；下师字，长也：孙《疏》说。尹，正；谓大夫。旅，众；谓士：亦孙《疏》说。杀戮无辜曰厉：义见《逸周书·谥法》篇。敬，与矜通；怜悯。劳，与勤同义；闵惜。《尚书故》谓敬劳犹言矜闵，是。肆，故。《骈枝》释徂为且。

2 肆，语词。往，往昔。奸宄，谓奸宄者。杀人，谓杀人者。厉，乱也。《尚书故》有说。宥，恕其罪。见，效。戕败人，残害人者。

译文

"你常常会说：'我有众官员们，像司徒（管民政的）、司马（管军政的）、司空（管土地工程的）、（还有其他）长官们、一般官员们。他们说：我不冤枉杀人，（要看）我们的君主先怜悯那些人，所以我们也就怜悯那些人。在以往，作乱的、杀人的、犯法的，被君主宽恕了，所以（那时的官员们）也就效法他们君主的行为，对残害人的也就加以赦免了。'

"王启监，厥乱为民[1]。曰：'无胥戕，无胥虐，至于敬寡，至于属妇，合由以容[2]。'王其效邦君、越御事，厥命曷以引养引恬。自古王若兹，监罔攸辟[3]。

注释

1 启，设立。监，谓诸侯。参《尚书故》及《大义》说。《论衡·效力》篇引本文，乱作率，为作化。《述闻》谓：为乃化之借字；乱乃率之借字。率，用也。

2　无，勿。胥，相。戕，伤害。孙《疏》谓：敬，矜之假；即鳏也。属妇，《小尔雅》以为贱妾。合，共同。由，用。容，容保；犹言爱护。

3　效，教。命，道。引，长：《尚书故》说。养，自奉；保养。恬，安。古王，先王。若兹，如此。监，指诸侯。辟，邪恶：参《尚书故》说。

译文

"君王所以建立诸侯，是用来教化民众的。（君王要告诫他们）说：'你不要迫害百姓们，不要虐待百姓们，至于鳏夫、寡妇（孤苦可怜的人），甚至卑贱的侍妾，都要加以保护。'君王要教导这些国君们，以及众官员们，他们怎么才能永久保养永久安宁的道理。自古以来君主都是如此，（因此）诸侯们就没有邪恶不正的。"

"惟曰：若稽田，既勤敷菑，惟其陈修，为厥疆畎[1]。若作室家，既勤垣墉，惟其涂塈茨[2]。若作梓材，既勤朴斫，惟其涂丹雘[3]。

注释

1　稽、敷，皆治理也。菑，田之新垦者。陈，与甸通；治田。《述闻》《参正》皆谓陈修即修治。畎，田间沟。

2　墉，墙。涂，《说文》引作敷，《正义》作斁。斁、敷，皆与度通；谋也：《平议》说。塈（jì），涂饰墙垣。茨，以草苇盖屋。

3　梓，治木器。朴，去木质之皮存其素。涂，与上涂字同。丹，朱色。腹，善丹。

译文

"就是说：好像农夫耕田一样，既然勤勉地治理了新开垦的田地，就要继续地整理，去修筑疆界和田间的水沟。好像造房子一样，既然勤勉地筑起墙壁来，就要计划着粉刷房子，用草盖起屋顶来。好像做木器一样，既然勤勉地砍去了木皮而成为素材，就要计划着把木器漆上精美的红色颜料。"

"今王惟曰[1]：'先王既勤用明德，怀为夹，庶邦享作，兄弟方来；亦既用明德，后式典集，庶邦丕享[2]。'

注释

1　自此以下，系臣谏君之言；当是他篇之错简。

2　怀，谓怀柔之。为，使。夹，辅。享，进献。作，兴起。兄弟方，谓友好之国。来，谓来归附。按：既，犹其也；《荀子·议兵》篇引《诗·常武》"徐方既来"，既作其。可证既与其通。后，谓诸侯。式，语词。典，常。集，谓朝会。庶邦，众国。丕，乃。

译文

"现在王啊你要说：'先王既然奋勉地照着光明（美好）的德行去做，怀柔诸侯使他们辅佐王室，因此众侯国都进贡给王朝，友邦也都来归附了；（我）也要照着光明的德行去做，（这样）诸侯就会常常来朝见，众侯国也就会来进贡了。'

"皇天既付中国民越厥疆土于先王；肆王惟德用，和怿先后迷民，用怿先王受命[1]。

注释

1　付，给予。越，与。肆，故。怿，悦。先，谓导于先。后，谓护于后。迷，迷惑。下"怿"字义与戁同，终也；犹言完成。本孙《疏》说。

译文

"伟大的老天既然把中国的人民和疆土付给了我们的先王，所以王要照着美德去做，使迷惑的人们和悦，而领导着、护卫着他们，以完成先王所接受的使命。

"已！若兹监[1]。惟曰：欲至于万年惟王[2]，子子孙孙永保民。"

注释

1　已，噫。监，鉴。
2　惟，为。

译文

"唉！你要把这些作为借镜。就是说：要千秋万世保持着王业，子子孙孙永远保护民众们。"

召诰

本篇为召公诰成王之辞，故名《召诰》。《史记·周本纪》谓：周公行政七年，成王长，周公反政成王，而使召公营洛邑，于是作《召诰》《洛诰》。兹从其说。

惟二月既望，越六日乙未，王朝步自周，则至于丰[1]。

注释

1　二月，以《洛诰》证之，当为成王七年之二月。既望，月之十六日。越，逾。越六日，即二十一日；是日为乙未。王，谓成王。朝，晨。自，从。周，指西周之都城镐京言；镐，在今陕西西安西南。丰，文王所都；在今陕西鄠县，距镐二十五里。旧说文王之庙在丰。因将营雒邑，以其事告于文王庙，故成王至丰。

译文

二月望日以后，过了六天到了乙未这一天，（成）王清晨从周（镐）走出来，到了丰邑。

惟太保先周公相宅；越若来三月，惟丙午朏，越三日戊申，太保朝至于洛，卜宅[1]。厥既得卜，则经营[2]。越三日庚戌，太保乃以庶殷，攻位于洛汭；越五日甲寅，位成[3]。若翼日乙卯，周公朝至于洛，则达观于新邑营[4]。越三日丁巳，用牲于郊，牛二[5]。越翼日戊午，乃社于新邑，牛一、羊一、豕一[6]。越七日甲子，周公乃朝用书命庶殷——侯、甸、男、邦伯。厥既命殷庶，庶殷丕作[7]。太保乃以庶邦冢君，出取币，乃复入，锡周公[8]。

注释

1　太保，谓召公。先周公，先于周公。相，视察。宅，居处；指拟筑之雒邑言。越若，与粤若同，发语词。来，翌。朏，月始生之微明；指初三日。越三日，即初五日。朝，晨。洛，当作雒，下同。卜宅，谓以龟占卜筑雒邑之吉凶。

2　得卜，得吉卜。经，测度。营，立表识以定建筑物之方位。

3　庚戌，初七日。庶殷，众殷人。攻，作。位，谓城郭宗庙宫室之位。汭，水岸内侧；洛汭，雒水之北。甲寅，十一日。

4　若，犹及也：《释词》说。乙卯，十二日。达观，犹言通看一遍：段玉裁《古文尚书撰异》说。

5　丁巳，十四日。郊，祭天。牛二，用二牛。

6　戊午，十五日。社，谓祭社。

7　甲子，二十一日。朝，晨。书，文书；即今之公文。丕，乃。作，谓从事工作。

8　以，与。冢，长。冢君，君长。币，玉帛之属。锡，给予。

译文

太保（召公）就在周公之先（到雒地）观察建筑城邑的地方；次月——三月，初见月牙的那天是丙午，过了三天就是戊申，太保清晨到了雒地，就占卜筑城的地区。既已得到吉兆，于是就测量并立下标竿。又过了三天，到了庚戌这天，太保就使殷的群众，在雒水北岸治理各建筑物的位置；再过五天到了甲寅日，各建筑物的位置都定了。到了第二天乙卯日，周公清晨到了雒地，就通通地把经营新城的工程视察了一番。又过了三天到了丁巳日，用牺牲举行祭天的典礼，用了两头牛。到了第二天戊午日，又在新城举行祭社的典礼，用了一头牛、一只羊和一只猪。又过了七天到了甲子日，于是周公在清晨用文书命令殷的群众——包括侯、甸、男各国的国君。周公既已命令了殷的群众，殷的群众就展开了工作。于是太保和各国的国君一同出去拿了玉器、绸子等，然后回来，奉献给周公。

曰："拜手稽首，旅王若公。诰告庶殷，越自乃御事[1]。呜呼！皇天上帝，改厥元子兹大国殷之命[2]。惟王受命，无疆惟休，亦无疆惟恤[3]。呜呼！曷其奈何弗敬！

注释

1　曰，召公曰。拜手，跪而叩首于手。稽首，跪而叩首于地。旅，陈；告：义见《尔雅》。若犹及也：《核诂》说。公，谓周公。孙《疏》据旅王若公之言，谓王此时亦在雒。盖成王既告庙于丰，旋亦至雒也。越，与。自，衍文：《诗·思齐》郑笺引此文无自字。乃，汝。御事，治事之臣。

2　改，革去。元，长。上帝之元子，即天子也；此指殷王言。命，谓国运。

3　无疆，无穷。休，读为"庥"，福祥。恤，忧。

译文

（召公）说："叩头又叩头，（我）报告王和周公。（并且）告诉你们殷的群众，以及你们的官员们。唉！伟大的老天上帝，已革除了他的长子（纣）这个大国殷的命运。君王（你）已接受了天命，这是无穷无尽的幸福，也是无穷无尽的忧虑。唉！怎么能不谨慎呀！

"天既遐终大邦殷之命[1]。兹殷多先哲王在天，越厥后王后民，兹服厥命；厥终智藏瘝在[2]。夫知保抱携持厥妇子，以哀吁天；徂厥亡出执[3]。

注释

1　遐，古与瑕、假互通；已也。

2　越，语词。服，从。厥命之厥，指殷先哲王言。终，谓殷末世纣之时。智，智者。瘝，病；此谓有毛病之人。在，谓在位。

3　夫，谓人民：《正义》说。知，语词无义：见《说文》。保，金文字形作负子于背之状；知为背负之义。吁，呼。《尚书故》谓徂与阻通。亡，逃亡。执，拘执。

译文

"老天既已结束了大殷国的命运。这殷国许多已故的明智君王（之灵）都在天上，他那后来的君主、后来的人民，都如此地服从他们（那些先王）的命令；到了末代，明智的人都隐居起来，有毛病的人在（朝廷上）。每个人民都背着、抱着、牵着、扶着他的妇女、儿童，在悲哀地呼吁老天；（纣）却禁止民众逃亡，（要是逃亡的）就把他们逮捕起来。

"呜呼！天亦哀于四方民，其眷命用懋，王其疾敬德[1]。相古先民有夏，天迪从子保；面稽天若，今时既坠厥命[2]。今相有殷，天迪格保；面稽天若，今时既坠厥命[3]。今冲子嗣，则无遗寿耇；曰，其稽我古人之德，矧曰其有能稽谋自天[4]。呜呼！有王虽小，元子哉。其丕能诚于小民，今休[5]。王不敢后，用顾畏于民碞[6]。

注释

1 亦，语词；无承上启下之义。哀，怜悯。眷，顾。懋，勉。疾，急。敬，谨。

2 相，视。迪，攸；乃。《述闻》谓子与慈义通。面，于省吾读为"偭"，背也。按：稽，音义同旨，是也；此也。若，句末语词。坠厥命，谓亡国。

3 按：格，神降临。保，保佑。

4 冲子，青年人；指成王言。遗，弃而不用。寿耇，老人。稽，考。矧，亦。有，又。谋，咨谋。《尚书故》谓：自，犹于也。

5 元子，见前注。丕，语词。诚，和。今，犹即。《尔雅》孙炎注可证。休，美。

6 不，勿也。《述闻》《便读》皆有说。后，迟也：义见《说文》。《平议》谓：碞，当作喦（niè），多言也。

译文

"唉！老天是怜悯四方（天下）的民众的，王可要顾虑天命而奋勉从事，王可要急切地谨慎于德行。试看古时的人像夏代，（起初）老天是对他们加以爱护的；（到了夏桀）违背了这天意，现今已丧失了他的国运。现在再看看殷代，老天本来也是降临下来而保佑他们的；（后来殷纣）违背了这天意，现在也丧失了他的国运。现在你这青年人继承了王位，可不要遗弃了（不用）老年人；你要说，我要来考察我们古人的美德；你又要说，我还得能够观察请示天意。唉！王虽然年纪小，但究竟是天子。要能使小百姓们融洽，那就好了。王（做事）不敢迟缓，要顾忌畏惧百姓们的言论。

"王来绍上帝，自服于土中[1]。旦曰：'其作大邑，其自时配皇天；毖祀于上下，其自时中乂。王厥有成命，治民今休。'[2]王先服殷御事，比介于我有周御事[3]。节性，惟日其迈；王敬作所，不可不敬德[4]。

注释

1 绍，《尚书故》谓：当读"为"，卜问也。自，用。服，治。土中，即中土；谓天下之中。指雒地言。

2 旦，周公名。召公对成王述周公之言，故称其名。自时，由是。配，合。毖，告。上，指天神。下，指地祇。中乂，中土平安。马瑞辰《毛诗传笺通释》谓：成，义与明通；成命，明命也。此指营雒之命言。今，即。休，美。

3 服，使服从。比，亲附。介，尒之讹；足利本及伪孔《传》可证。尒，读为"迩"，近也。

4 节，限制；不放纵。迈，《核诂》读为"劢"，勉也。敬，谨。作，作为。所，句末语词。敬德，谨于德行。

译文

"王来卜问于上帝，用来治理中原（雒）。旦说：'要在这里建筑一座大城，由此就可以配合老天（的意旨），祷告祭祀天地的神灵，由此中原就可以安定了。王若有高明的命令（令筑雒邑），来统治人民那就好了。'王首先要使殷的官员们服从你，使他们和我们周的官员们处得融洽亲切。控制着自己的性情，要天天来勉励自己；王要慎重自己的作为，不可不谨慎于自己的德行。

"我不可不监于有夏，亦不可不监于有殷¹。我不敢知曰，有夏服天命，惟有历年；我不敢知曰，不其延，惟不敬厥德，乃早坠厥命²。我不敢知曰，有殷受天命，惟有历年；我不敢知曰，不其延，惟不敬厥德，乃早坠厥命。今王嗣受厥命，我亦惟兹二国命，嗣若功³。

注释

1 二"监"字，皆与"鉴"同。

2 二"敢"字，皆语词。我不敢知，犹言"我可不知道"。服，受。孙《疏》谓：历，久也。历年，多年。延，续。

3 惟兹之惟，思也。嗣，继。若，犹其也：《释词》说。

译文

"我们不可不以夏国为借镜，也不可不以殷国为借镜。我可不知道（是不是），当年夏朝接受了天命，经过了许多年；我可不知道（是不是），他们不能延续下去了，就因为他们不能谨慎于他们的德行，才老早地就丧失了他们的国运。我可不知道（是不是），殷朝接受了天命，经过了许多年；我可不知道（是不是），他们不能延续下去了，就因为他们不能谨慎于他们的德行，才老早地就丧失了他们的国运。现在王继续着来接受了这任命，我们要考虑考虑这两国的命运，（才能）把这功业继续下去。

"王乃初服；呜呼！若生子，罔不在厥初生；自贻哲命[1]。今天其命哲，命吉凶，命历年[2]。知今我初服，宅新邑，肆惟王其疾敬德。王其德之用，祈天永命[3]。其惟王勿以小民淫用非彝亦敢殄戮；用乂民，若有功[4]。其惟王位在德元，小民乃惟刑；用于天下，越王显[5]。上下勤恤，其曰我受天命，丕若有夏历年，式勿替有殷历年[6]，欲王以小民受天永命。"

注释

1　服，任事。初服，谓始任政。贻，给予。哲，明。

2　命哲、命历年，皆省略语，意谓命明哲与否，命永年与否。

3　知，语词；或矧之讹。肆，故。疾，急。之，是。祈，求。永命，悠久之国运。

4　淫，过度。彝，法。亦，语词。殄，绝灭。乂，治。《述闻》谓：若犹乃也。

5　按：古"位"字但作立。此"位"字当读为"立"。元，首；德元，德之首。刑，与型同义；法也。越，爱；于是。

6　上下，谓天子至庶民。勤，勤劳。恤，忧虑。丕、式，皆语词。替，废掉；勿替，意谓保有之。

"王刚刚主持国政。唉！就好像生下的孩子一样，没有不是在他幼年时（教导他的），（这样）才能给予自己明哲（好）的命运。（不知道）现在老天要使我们明哲与否，使我们吉利或凶险，使我们国运悠长与否。现在我们刚刚任政，住在新城，所以王要赶紧地谨慎于德行。王能照着美德去做，那才能向老天祈求悠久的国运。希望王不要因小百姓们过度地违犯法规就来杀戮他们，这样来统治民众，才能有功效。王能作为道德的表率，小百姓们才效法你，照这样施行于天下，那么王才能光显（美好）。上从天子下到百姓都能勤勉而常顾虑，那将使我们所接受的天命像夏朝那样漫长的年代，也不至于舍掉了殷朝那样漫长的年代，希望王与小百姓们同来接受老天所赐予的永久的命运。"

拜手稽首曰："予小臣，敢以王之仇民、百君子、越友民，保受王威命明德[1]。王末有成命，王亦显[2]。我非敢勤，惟恭奉币、用供王，能祈天永命[3]。"

注释

1　敢，语词。按：仇民，为友民之对文；指殷遗民言。百君子，众官员。威命，威严之命令。

2　末，终。成命，明命。亦，语词。显，光显。

3　敢，语词。能，而。

译文

叩头又叩头说："我这小臣，要和王（原来）有仇的百姓们、官员们，以及友好的民众们，都来保持着遵从着王的威严命令和光明的品德。王终于宣布了高明的命令，那么王就光显（美好）了。我自己并没有什么勤劳，我只有恭敬地捧着玉器、绸子等供给王，而祈求老天赐予我们永久的命运。"

洛诰

洛，应作雒。周公营雒邑既成，成王至雒，命周公留守雒邑。史佚因记周公受命时之典礼，及君臣问答之言，故名《雒诰》。（本王国维《雒诰解》说）

周公拜手稽首曰："朕复子明辟。王如弗敢及天基命定命，予乃胤保，大相东土，其基作民明辟[1]。予惟乙卯，朝至于洛师[2]。我卜河朔黎水。我乃卜涧水东、瀍水西，惟洛食[3]。我又卜瀍水东，亦惟洛食。伻来以图，及献卜[4]。"

注释

1 复，白；报告。辟，君。明辟，犹言明君。此时成王至雒，故周公白之：本王国维《雒诰解》说。敢，语词。如弗敢及，急切之词，如《论语》见善如不及之义。基命，谓始创业时。定命，谓武王克殷之后。胤，嗣；继续。胤保，指辅佐文、武、成三王言。相，视察。其基之基，谋也。

2 乙卯，据《召诰》，知为成王七年三月十二日。朝，晨。师，人众处。洛师，谓雒邑。

3 河，黄河。朔，北。《便读》云："河朔黎水，在今河南卫辉府浚县东北。”洞水、瀍水，并见《禹贡》。食，谓吉兆：《尚书故》说。

4 伻，使。伻来，使成王来雒。图，谋。

译文

周公叩头又叩头说：“我报告你明哲的君王。君王（励精图治）好像唯恐赶不上老天让（文王）开国之时和（武王）平定天下之时的功业，我于是继续地辅佐着（你），大大地观察了一番东方之地，那是谋划着使你成为百姓的英明君主。我在乙卯这天，早晨到了雒京。我先占卜在黄河北岸黎水这一带建设都邑（结果不吉）。我又占卜了洞水以东、瀍水以西这一带，结果只有雒水一带是吉利的。我又占卜了瀍水以东这一带，还是只有雒水一带是吉利的。于是请君王到（雒城）来商量商量，并且把占卜的结果献给君王。”

王拜手稽首曰：“公！不敢不敬天之休，来相宅，其作周匹休[1]。公既定宅，伻来、来，视予卜休恒吉，我二人共贞；公其以予万亿年[2]。敬天之休；拜手稽首诲言[3]。”

注释

1 敬，谨。休，福祥。作周，谓成就周之王业。匹，配合。休，天之休命。

2 伻来、来，谓使己来，今已来也。视，示。卜休，所卜之休命。恒，遍也：《尚书故》说。贞，当也。马融说（见《释文》）。以，与也：《尚书故》引戴钧衡说。

3 古“谋”字从言从每，诲即谋也：吴大澂说。于省吾谓：

周书   167

诲言，犹咨言也。

译文

王叩头又叩头说："公！我不敢不谨慎于老天所赐予的福祥，到这里来视察居住（筑城）的地方，以便成就周的王业而配合天所赐予的福祥。公既然决定在这里修建城邑，使我来、我已来了，公指示我所占卜的运气通通是吉利的，（这吉利的卜兆）我们两人共同来担当。公和我将会千秋万代（子孙相传不穷）。（我）敬谨地接受老天所赐予的福祥，所以叩头又叩头地来请教你。"

周公曰："王肇称殷礼，祀于新邑，咸秩无文[1]。予齐百工，伻从王于周；予惟曰，庶有事[2]。今王即命曰：'记功，宗，以功作元祀[3]。'惟命曰：'汝受命笃弼；丕视功载，乃汝其悉自教工[4]。'孺子其朋，孺子其朋，其往。无若火始焰焰，厥攸灼，叙弗其绝[5]。厥若彝及抚事[6]。如予惟以在周工，往新邑。伻嚮即有僚，明作有功；惇大成裕，汝永有辞[7]。"

注释

1　肇，始。称，举行。殷礼，殷之祭礼。咸，皆。秩，有序。《述闻》读文为紊，乱也。

2　齐，同；共。百工，百官。周，镐京。庶，庶几。有事，谓祭祀之事也；古习惯用语。《雒诰解》谓：周公本欲使百官从王至宗周行此祭礼，故云"伻从王于周"。

3　即命，此谓就而命之；非就而听命也。二"功"字，皆指营雒之功言。宗，崇；隆重。《雒诰解》谓：作元祀，谓行祀天建元之礼。并云：成王是年，复改为元年。

4　惟命曰，仍追述成王之命也。受命，受武王顾命：《尚书故》说。笃弼，忠实辅佐。丕，语词。载，事。汝，统周公及营雒诸臣言。悉，尽。教，《大传》作学，效也。

5　孺子，稚子；指成王言。朋，此做动词用，犹言交友。伪孔《传》谓其往，为自今以往。焰焰，火微燃貌。灼，光盛。叙，义与绪同；此谓火之蔓延。

6　若，顺。彝，常法。及，犹汲汲。抚，治理。

7　如，犹而也。在周工，诸臣之在镐者；此指随周公来营雒之官吏言。伻，使。嚮，向。即，就。有，通友。友儫，犹言同事。明，勉。惇，厚。裕，安泰。按：古文嗣字与金文嗣字相近，而籀文辞作嗣（见《说文》）。此辞字盖本作嗣，讹为嗣，又易为辞也。

译文

周公说："王开始来举行（用）殷的祭礼，在新城举行祭祀，（祭礼进行得）通通有条不紊。（本来）我想会齐众官员，使他们随从君王到周京去，我是说：会有祭祀的事。现在王到这里来命令我们说：'为了纪念这功绩，（我们要）隆重些，要为这功绩举行祭天改元的典礼。'王（又）命令说：'你接受了先王的遗命而忠实地辅佐着王朝，（现在我到这里来）视察你们的工作，而你们这些人都自动地尽力工作。'从今以后，（你这）青年人可要和官员们友好。不要像火刚开始时微弱地燃烧一样，到它燃烧得炽盛了，火势蔓延就不能扑灭了。你要遵循正常的法度努力不懈地治理政事。至于我呢，只是和（原来）在镐京的官员们，到新邑来。使同事们在一起，奋勉地建功立业，（这样）

功业就深厚伟大而造成国势的安泰，你的王业就可以永远地延续
下去了。"

公曰："已！汝惟冲子，惟终[1]。汝其敬识百辟享，亦识其有
不享。享多仪；仪不及物，惟曰不享。惟不役志于享[2]。凡民惟曰
不享，惟事其爽侮[3]。乃惟孺子颁，朕不暇听。朕教汝于棐民
彝[4]。汝乃是不蘉，乃时惟不永哉[5]。笃叙乃正父，罔不若；予不敢废乃
命[6]。汝往，敬哉！兹予其明农哉！彼裕我民，无远用戾[7]。"

注释

1　已，噫。终，谓善其终，义与《诗·荡》"鲜克有终"之
"终"同。

2　识，记。辟，君。百辟，指诸侯言。享，进献。仪，礼
节。役志，用意。

3　曰，读如"聿"；语词。爽，差失。侮，轻慢。

4　王树楠《尚书商谊》谓：颁，分也；谓辨别。听，意谓与
闻其事。棐，辅。彝，常法。

5　乃，犹若也：《释词》说。蘉，勉。时，谓传世之年代。
永，久。

6　笃，厚。叙，谓铨叙。正、父，皆官长也：《雒诰解》
说。若，顺。废，弃。乃命，汝之令。

7　敬，谨慎。明农，黾勉。彼，通被。裕，容。彼裕，谓覆
蔽维护之。《尚书故》有说。用，以。戾，止。

译文

（周）公说："唉！你这年轻的人呀，（处事）要能够善

终。你要慎重地记着诸侯们的进献，也要记着他们有不来进献的。进献有很多仪式，如果仪式不及所献的礼物那么隆盛，那就算是他没来进献。（因为）他并不用诚意来进献。大凡人们要不来进献，那么政事就错乱，政府就要受侮慢了。（像这些事情）只有你青年人自己去辨别吧，我就没有空闲来过问了。我只是教你些辅佐民众的经常法则罢了。你若对这些事情不奋勉，那么你国家的年代就不会长久。（你要）优厚地铨叙你的官员们，（那么官员们）就没有不顺从你的，我也不敢废掉（不顾）你的命令。从今以后，要谨慎呀！现在我也要奋勉呀！保护我们的百姓们，不要因为百姓们住在远方，就停止了对他们的爱护。"

王若曰："公！明保予冲子。公称丕显德，以予小子，扬文武烈。奉答天命，和恒四方民，居师[1]。惇宗将礼，称秩元祀，咸秩无文[2]。惟公德明，光于上下，勤施于四方，旁作穆穆，迓衡不迷文武勤教。予冲子夙夜毖祀[3]。"

注释

1　明，勉。称，显扬。丕，语词。以，使。扬，发扬。烈，业。答，报答。《尚书故》谓：恒，与顺义通。师，谓雒师：《尚书故》说。居师，谓定居雒师。

2　惇，厚。宗，尊；隆重。将，行：义见《诗·燕燕》毛传。称秩，犹言举行。元祀，首祀：《便读》说。文，素；见前。

3　德明，德行昭著。上，谓天上。下，谓人间。勤，劳绩。旁，溥。作，成为。穆穆，美善。迓，与御通；此应作御。御衡，犹言柄政：《核诂》说。毖，慎。

王如此说：“公！你要勉力地来保护我这青年人。公能显扬光明的品德，使我这青年人来发扬文王、武王的功业。以报答老天给我们的任命，使四方的人民都能和顺地住在洛师。厚厚地隆重地举行典礼，举行这第一次的祭祀，都能有条不紊。公的品德是光明的，显耀于天上人间，公的勤劳施给了天下（的人民），普遍的完美，掌理政权也不至迷失了文王、武王那殷勤的教训。我这青年人只有早晚谨慎地祭祀就是了。”

王曰：“公功棐迪笃，罔不若时¹。”

注释

1 棐，与斐通，文采貌。迪，攸；语词。笃，厚大。时，是。

译文

王说：“公的功劳美好而伟大，没有不像这样似的。”

王曰：“公！予小子其退即辟于周，命公后¹。四方迪乱未定，于宗礼亦未克敉公功²。迪将其后，监我士、师、工，诞保文武受民，乱为四辅³。”

注释

1 退，谓自雒退去。即辟，就君位。周，谓镐京。后，留后；指留雒言：《雒诰解》说。

2 迪，攸。宗礼，祭祀之礼。敉，读为“弥”；终也：

《雒诰解》说。

3　迪，犹用也。将，主也。皆《尚书故》说。士、师、工，皆官也：《雒诰解》说。诞，语词。受民，即受命民，天所授予之民也：《核诂》说。乱，读为"率"；用也：《述闻》说。四辅，犹言四方屏藩。

译文

王说："公呀！我这青年人就要退回周京去就位了，使公留在后方（雒邑）。四方还在乱着没能安定，关于祭祀的礼制，公的工作也还没有完成。因此（你）主持这后方（的事务），监督着我们的士、师、工等官员们，来保护着文王、武王所接受的民众，用以作为四方的屏藩。"

王曰："公定，予往已[1]。公功肃将祗欢，公无困哉[2]。我惟无斁，其康事；公勿替刑，四方其世享[3]。"

注释

1　定，留止。

2　功，事。肃，敛；减缩。祗，当读为"厎"，致也。困，困难。

3　斁，厌倦。其康事，言将使政事平康。替，废弃。刑，典型。享，进献。

译文

王说："公留住吧，我要回去了。公的事情已减少将可以愉快了，公没有什么困难呀。我只有不厌倦地做下去，那将会使政事平和（顺利）；公不要废掉了人们的典型（意谓周公在位，可以做人们的表率），那么，天下就会世世代代来进贡给王朝了。"

周公拜手稽首曰："王命予来承保乃文祖受命民；越乃光烈考武王弘朕恭[1]。孺子来相宅，其大惇典殷献民，乱为四方新辟；作周，恭先[2]。曰，其自时中乂，万邦咸休，惟王有成绩[3]。予旦以多子越御事，笃前人成烈，答其师；作周，孚先[4]。考朕昭子刑，乃单文祖德[5]。伻来毖殷，乃命宁予；以秬鬯二卣，曰：'明禋，拜手稽首休享[6]。'予不敢宿，则禋于文王武王[7]。惠笃叙，无有遘自疾，万年厌于乃德，殷乃引考[8]。王伻殷乃承叙，万年其永观朕子怀德[9]。"

注释

1 承保，犹言保护：说见《盘庚》。乃，汝。文祖，见《尧典》；此指文王言。越，语词。乃，汝。光烈，光显。弘，大。庄宝琛谓：《说文》"训"之古文作伣。本文"朕"字，当是伣之讹。其说是也。

2 惇，厚。于省吾谓：典，典册也；此做动词用，犹言册录也。按：录用之意。献，贤。乱，读为"率"；用也：《述闻》说。新辟，新封之诸侯。作周，见前。

3 时，是。中乂，见《召诰》。休，喜。

4 多子，疑指周公之诸子言。旧谓为众卿大夫，恐非是。越，与。笃，理也：义见《广雅》。烈，业。答，报答。师，众；指殷民言。孚先，以孚信为先。

5 考，成。《便读》云："昭子，谓成王，犹言子明辟也。"刑，典型。单，大。

6 伻来，谓王遣使来。毖殷，告于殷遗民。宁，安；犹今言问候也。《雒诰解》有说。秬鬯，黑黍酒；祭时用以灌地者。卣，酒器。曰，成王曰。《雒诰解》谓：牲下置柴而燎之，使其烟上达曰禋。与柴、燎义同。按：明禋，与《酒诰》之明享相似；即禋祭也。休，美善。享，祭献。

7　宿，经宿。

8　惠，维。笃叙，安顺。遘，遇。自，于。万年，意谓永久。厌，满足。殷，盛也：《大义》说。引考，长寿也：《尚书故》说。

9　伻，使。《尚书故》谓：承叙，承顺也。观，示。朕子，犹言吾子；谓成王也。怀，眷念。

译文

　　周公叩头又叩头说："王命令我来保护你的祖先所接受于天的民众，（我只有）对于你光显的先父武王那伟大的教训恭敬（地遵守着）。青年人来视察居处（雒邑），可要很优厚地录用殷的贤良人才，使他们做四方的新诸侯，成就周的王业，要以恭谨为先。就是说：从此以后，中原就要太平，所有国家就都欢欣，而王也就算是成功了。我旦呢，就带着我的儿子们以及官员们，来治理先人已成就的功业，以报答这些殷的民众；成就周的王业，要以诚信为先。使我的开明君王成为人们的典型，才能发扬光大已故祖先的美德。王派遣使者来告诫殷（的遗民），因而命令使者来问候我，并且带来两瓶黑黍酒，（传达王命）说：'要举行禋祭，要叩头又叩头地好好地祭祀。'我不敢（把酒）留过一夜，就对文王及武王举行了禋祭。希望着都很安乐顺遂，没有人遭到疾病，（神灵们）永远都会对你的美德满意，使你隆盛地享着高寿。王能使殷国遗民都服从王朝，千秋万年他们会永远表示怀念我的君王的德惠。"

戊辰，王在新邑，烝，祭岁：文王骍牛一，武王骍牛一[1]。王命作册逸祝册，惟告周公其后[2]。王宾，杀、禋，咸格，王入太室祼[3]。王命周公后，作册逸诰，在十有二月，惟周公诞保文武受命，惟七年[4]。

注释

1　戊辰，成王七年十二月晦日：刘歆《三统历》说。烝，冬祭。祭岁，祈年也：《尚书故》说。骍，赤色。

2　作册，官名；盖犹今之秘书。逸，人名；即史佚。祝册，宣读祷告之册文。惟，为。告，谓告于文王武王之神。后，谓留后之事。

3　宾，读为"傧"；谓迎神也。杀，杀牲；禋，禋祀：《雒诰解》说。咸格，谓神皆已降临。太室，寝庙中央之大室也。说详王国维《明堂庙寝通考》。祼，以秬鬯灌地。

4　末三句先纪月，再纪事，最后纪年；殷周间记事之体例如此。王国维《雒诰解》有说。

译文

戊辰日，王在新城举行烝祭以祈祷丰年：祭文王用了一头红色牛，祭武王也用了一头红色牛。王命令作册之官名逸的来宣读祷告文，为了报告周公留在后方的事。王迎神、杀牲、燎牲、（神灵）都降临了，王就进入了中央的大房间，把酒浇在地上。王命周公留在后方，这事是作册逸报告神灵的，时间是在十二月，周公在维护着文王、武王所接受之天命（意谓辅佐王室），是（成王的）七年。

多士

本篇乃成王迁殷顽民于雒邑，周公以王命告之之辞。篇中屡见"多士"之语，因以名篇。

惟三月，周公初于新邑洛，用告商王士[1]。

注释

1 三月，当为成王七年之三月。《召诰》言周公于三月甲子，以书诰庶殷；殆即此文。洛，应作雒。按：士，泛指各级官员；非专谓大夫士之士。商王士，故商王之官吏。

译文

（成王七年）三月，周公第一次在雒邑这新城里，来告诫商王（所遗留）的官员们。

王若曰："尔殷遗多士[1]！弗吊，旻天大降丧于殷；我有周佑命，将天明威，致王罚，敕殷命终于帝[2]。肆尔多士，非我小国敢弋殷命，惟天不畀允罔固乱，弼我；我其敢求位[3]？惟帝不畀，惟我下民秉为，惟天明畏[4]。

注释

1 遗，留。

2　王国维谓：弗吊，犹言不幸。降丧，降下丧亡之祸。《尚书故》谓：佑，配也。命，天命。将，行。明，谓褒善。威，谓罚恶。致，推行。王罚，王者之罚。敕，令；使。终于帝，意谓承上帝之意而终止之。

3　肆，语词。弋，取。畀，与。允，佞。罔，诬。固，蔽。乱，惑。四义皆孙《疏》说。弼我，言天辅助我周人。其，岂。位，指王位言。

4　《尚书故》谓：秉，顺。为，化。畏，读为“威”。

译文

王如此说：“你们殷朝所遗留下的众官员！不幸得很，老天严重地降下灭亡之祸给殷朝；我们周人能配合天命，照着老天表扬善人惩罚恶人的（旨意），推行王者的惩罚，使殷的命运在上帝（面前）结束了。所以你们这些官员（要知道），这不是我们小小的周国敢夺取殷国的命运，只是老天不把天下给予那谄佞、诬罔、蔽塞、迷乱的人，而来辅佐我们，我们哪里敢来争取你们的王位？只是（因为）上帝不（把国运）给予（你们），只是（因为）我们的百姓们能顺从教化，只是（因为）老天是表扬善人惩罚恶人的。

“我闻曰：‘上帝引逸。’有夏不适逸，则惟帝降格，嚮于时夏[1]。弗克庸帝、大淫泆，有辞；惟时天罔念闻，厥惟废元命，降致罚。乃命尔先祖成汤革夏，俊民甸四方[2]。自成汤至于帝乙，罔不明德恤祀；亦惟天丕建，保乂有殷；殷王亦罔敢失帝，罔不配天，其泽[3]。在今后嗣王，诞罔显于天，矧曰其有听念于先王勤家？诞淫厥泆，罔顾于天显民祇。惟时上帝不保，降若兹大丧⁴。惟天不畀不明厥德；凡四方小大邦丧，罔非有辞于罚⁵。"

注释

1　引，引导。逸，安乐：以上皆《便读》说。不，读为"丕"；语词。适，合度。降格，神灵降临；引申为降福之意。嚮，向；往。按：时夏、时周等语，诗书中习见。时当为"逢时"义；时夏，谓逢时之夏也。

2　庸，用。帝，谓帝命。淫，过度。泆，乐。有辞，谓有罪状也：孙《疏》说。惟时，犹言于是。念，眷念。按：闻，恤问也；《述闻》说《诗·葛藟》"亦莫之闻"，其义如此。元命，大命；谓国运。革，更改。俊民，谓才智之士。甸，治理。

3　恤，与邺通；慎也。丕，语词。建，谓建立殷国。保乂，犹言保护。失帝，谓违失帝命。配天，谓配合天意。其，犹乃也：说见《释词》。泽，光润；此谓国势光泽。

4　今后嗣王，指纣言。诞，语词。矧，况。《尚书故》云："听，察也。"诞、厥，皆语词。天显，古成语；犹言天道：义见《康诰》。《尚书故》云："民祇，犹民病也。"时，是。若兹大丧，谓亡国。

5　不明厥德，谓不能昭明其德之人。

译文

"我听见说：'上帝是引导着（人们）安乐的。'夏朝能够适度地享乐，上帝就降临下来，前往逢时的夏朝。（后来桀）不能依照上帝的命令，太过度地享乐，有了罪状，于是老天就不再来关心他、怜悯他，而废除了他的国运，把惩罚降给了他。就命令你们的祖先成汤革了夏的命，任用杰出的人才来统治天下。从成汤直到帝乙，没有不昭明其德而谨慎于祭祀的，也就因此老天建立了、保护了殷国；殷王们也没有一个敢违背上帝的命令，没有一个不配合着天意的，于是（殷的国势）就很光润。到了现在这继位的君王（纣），不能使他的品德显扬在天上，何况说他还能觉察考虑殷先王为国家勤劳的情形？他过度地享乐，不顾天理和人民的痛苦。于是上帝就不再保护他了，降下这么大的灭亡之祸来。这只是老天不把国运给予那品德不昭明的人，凡是天下的小国、大国之所以灭亡，没有不是由于有了罪状而应受惩罚的。"

王若曰："尔殷多士！今惟我周王，丕灵承帝事。有命曰：'割殷！'告敕于帝[1]。惟我事不贰适，惟尔王家我适[2]。予其曰，惟尔洪无度；我不尔动，自乃邑。予亦念天即于殷大戾，肆不正[3]。"

注释

1　丕，语词。灵，善。帝事，上帝所命之事。割，夺：义见《汤誓》。敕，令。

2　事，谓征伐之事。贰，另外。适，往。

3　洪，大。度，法度。动，骚动。邑，指殷国言。即，就。戾，罪也：义见《尔雅》。肆，故。不，读为"丕"；语词。正，执而正其罪也：义见《周礼·大司马》郑注。

译文

王如此说："你们殷的官员们！现在只有我们周王，能好好地承担上帝赋予的使命。有命令说：'夺取殷国！'（这命令）

是由上帝宣布下来的。那么，我的任务不是到另外的地方去，只是到你们殷王的国家去。我要说，是你们太不合法度了，我们并没扰乱你们，（这扰乱）是由你们本国造成的。我也考虑到老天要给殷以严厉的罪责，所以我来纠正你们。"

王曰："猷，告尔多士。予惟时其迁居西尔。非我一人奉德不康宁，时惟天命[1]。无违！朕不敢有后，无我怨[2]。惟尔知惟殷先人有册有典，殷革夏命[3]。今尔又曰：'夏迪简在王庭，有服在百僚[4]。'予一人惟听用德，肆予敢求尔于天邑商。予惟率肆矜尔；非予罪，时惟天命[5]。"

注释

1 猷，发语词。惟时，于是。其，犹乃也。迁居西尔，指迁殷人于雒邑言。奉，犹秉也：孙《疏》说。时，是。

2 无，勿。有，犹或也：《释词》说。后，迟。

3 典，大册。册典，即书籍。

4 按：夏，谓夏士。迪，攸；语词。简，选择；此谓选用。王庭，谓殷王之朝廷。服，职务。百僚，百官。

5 听，听从。德，谓有德者。肆，故。求，觅取。卜辞中习见大邑商之辞，亦有作天邑商者。天，或是大之讹。率，用。肆，语词。矜，怜悯。

译文

王说："嗯，告诉你们这些殷的官员。于是我就把你们迁到西方来。这并不是我个人禀受的德行不好安宁，这是老天的命令。你们不要违背（我这措施）！我是不敢迟缓的，你们不要抱怨我。你们知道殷的祖先有大小的书册，（在那书籍里曾记载着）殷国革掉了夏的国运。现在你们又说：'当年夏的官员们被选用于殷的朝廷里，都有职位在各种官员中。'我个人也是听从着（你们的意见）来任用（你们之中）有德行的人，所以我到这大的城邑商来访求你们。我乃是怜悯你们，并不是我的罪过，这乃是老天的命令。"

王曰："多士！昔朕来自奄，予大降尔四国民命[1]。我乃明致天罚，移尔遐逖；比事臣我宗，多逊[2]。"

注释

1 奄，国名，后为鲁地。降，谓发布。四国，四方之国，犹言天下。命，命令。

2 遐、逖，皆远也。比，亲近。事，侍奉。我宗，谓我姬氏；即我周。逊，顺。

译文

王说："官员们！以前我从奄回来，我曾广泛地发布给你们天下的百姓一个命令。我就明白地推行老天对你们的惩罚，把你们迁移到遥远的地方，（你们要）亲近地侍奉我们周王朝，要多多地恭顺。"

王曰："告尔殷多士！今予惟不尔杀，予惟时命有申[1]。今朕作大邑于兹洛，予惟四方罔攸宾。亦惟尔多士攸服，奔走臣我，多逊[2]。尔乃尚有尔土，尔乃尚宁干止[3]。尔克敬，天惟畀矜尔；尔不克敬，尔不啻不有尔土，予亦致天之罚于尔躬[4]。今尔惟时宅尔邑，继尔居，尔厥有干有年于兹洛，尔小子，乃兴从尔迁[5]。"

注释

1　时命，谓"不尔杀"之命令。有，又；重。申，述。

2　惟，为。宾，服也：义见《尔雅》。服，服从。奔走，意谓勤勉。

3　干，身体。宁干，犹言安身：孙《疏》有说。止，语已词。

4　敬，谨。畀矜，犹言赐怜。不啻，不但。

5　时，是。宅，居。宅尔邑，谓使尔有邑可居。有干，谓保全其身。有年，谓永年。兴，起。

译文

王说："告诉你们殷的官员们！现在我不杀害你们，我把这命令再申述一次。现在我建了一个大城在这雒地，我是因为天下还不服从我们周朝。也只有（希望）你们众官员服从我们，勤勉地臣服于我们，要多多地恭顺。你们还可以保有你们的土地，你们还能（保着）安宁的身体。你们如果能谨慎，老天就会赐给你们怜悯；你们如果不能谨慎，那么，你们不但不能保有你们的土地，我还要推行老天的惩罚在你们身上。现在你们还是居住在你们的城邑（仍旧有城邑可住），还继续着你们的居处（继续有房室可居），你们还能保全你们的身体永久地在这雒邑，你们的青年子孙，也将起来，随从着你们迁移。"

王曰：又曰："时予乃或言，尔攸居[1]。"

1 江声谓：王曰下当有脱文。孙《疏》谓：时，今时也。唐石经或言之间有"诲"字，与伪孔《传》"教诲之言"相合；是今本脱"诲"字：段玉裁有说。居，安也：义见《吕氏春秋》高诱注。

译文

王说……又说："现在我教诲你们这番话，（希望）你们安定地住下。"

无逸

逸，安逸；无逸者，勿安逸也。本篇旨在戒逸乐，故以名篇。《史记》以此为周公诫成王之书。按：篇中言长寿之君，于周则仅及文王，且不以冲子、孺子等辞称时王。然则，或亦可能为周公进诫武王之书也。《无逸》，汉石经作《毋劮》，《尚书大传》作《毋佚》。

周公曰："呜呼！君子所其无逸。先知稼穑之艰难，乃逸；则知小人之依[1]。相小人，厥父母勤劳稼穑，厥子乃不知稼穑之艰难，乃逸乃谚既诞[2]。否则侮厥父母曰：'昔之人，无闻知[3]！'"

注释

1 君子，谓有官位者。所，语词：说见《释词》。小人，民众。《述闻》谓：依，隐也；隐痛也。

2　相，视。孙《疏》谓：汉石经谚作宪。宪，欣乐也。诞，妄。

3　否，古与丕通。《周书》中屡见"丕则"之语；"丕则"，犹"于是"也。《核诂》有说。昔之人，犹言古老之人。无闻知，犹言无知识。

译文

周公说："唉！在官位的人可不要享乐呀。先要了解耕种收获的艰难，然后再去享乐，那你就知道民众的痛苦了。看看有些民众，他们的父母勤劳地耕种收获，儿子们却不知道耕种收获的困难，因而就安逸、就享乐，已经够荒唐了。于是就来侮辱他们的父母说：'（你们）古老的人，没有什么知识！'"

周公曰："呜呼！我闻曰，昔在殷王中宗，严恭寅畏，天命自度，治民祇惧，不敢荒宁。肆中宗之享国，七十有五年[1]。其在高宗，时旧劳于外，爰暨小人。作其即位，乃或亮阴，三年不言；其惟不言，言乃雍。不敢荒宁，嘉靖殷邦。至于小大，无时或怨。肆高宗之享国，五十有九年[2]。其在祖甲，不义惟王，旧为小人。作其即位，爰知小人之依；能保惠于庶民，不敢侮鳏寡。肆祖甲之享国，三十有三年[3]。自时厥后，立王生则逸；生则逸，不知稼穑之艰难，不闻小人之劳，惟耽乐之从。自时厥后，亦罔或克寿：或十年，或七八年，或五六年，或四三年[4]。"

注释

1　中宗，祖乙也；王国维据甲骨文资料及《太平御览》所引《竹书纪年》证知之。《史记》及郑玄《诗笺》以为太戊，非是。严，庄重。寅，敬谨。度，忖度。祗，敬谨。荒宁，古成语，谓过于逸乐。享，犹受也：《便读》说。享国，谓在位。有，又。

2　高宗，武丁。时，《中论》引作寔；实也。旧，久。马融云："武丁为太子时，其父小乙使行役，有所劳苦于外。"（见《史记集解》）故云久劳于外。暨，与。作，犹及也：《释词》说。亮阴，《论语》作谅阴，《礼记·丧服四制》作谅闇，《尚书大传》作梁闇。郑玄云："楣，谓之梁，闇，谓庐也。小乙崩，武丁立，忧丧三年之礼，居倚庐柱楣，不言政事。"是谓亮阴为居丧也。其说与《论语》合。《吕氏春秋》则谓谅闇不言为天子应慎言，而非居丧。兹采其说。马融谓：亮，信也。阴，默也。雍，和。嘉，美善。靖，安静：《便读》说。小，谓年幼者。大，谓年长者。时，是；指高宗言。五十有九年，《史记》作五十五年，汉石经作百年，未详孰是。

3　祖甲，武丁子。马融谓：武丁欲立祖甲而废其兄祖庚；祖甲以废长立少为不义，乃逃亡民间（见《史记集解》）。故云不义惟王。惟，犹为也。依，见前注。惠，爱。

4　时，是。厥，犹之也：《释词》说。耽，过于逸乐。之，是。

译文

周公说："唉！我听说，以前殷王中宗，他庄严恭敬谨慎而又畏惧，他自己忖度老天赋予他的任命，统治人民非常谨慎和戒惧，不敢过度安乐。因此中宗享受国运（在位）七十五年。到了高宗，他实际上久在民间劳动，和百姓在一起。到了他即位时，他真实地沉默，三年不曾说话，他只是不说罢了，一说出来，（大家听来）就非常和谐。他也不敢过度享乐，使殷国美好宁静。不论青年或老年人，对他没有一点抱怨。所以高宗享受了五十九年的国运。到了祖甲，他以为自己做君王是不合理的，因而他做了很久的平民。等到他即位时，就了解人民的痛苦，而能保护爱怜百姓，连孤苦无依的人也不敢欺侮，所以祖甲享有国运达三十三年。从此以后，所立的君王一出生就安逸；一出生就安逸，所以不知道耕种收获的艰难，也不知道人民的辛苦，只寻求过度的逸乐。从此以后，（那些王）也没有能享高寿的了：（他们在位的时间）或者十年，或者七八年，或者五六年，或者三四年。"

周公曰："呜呼！厥亦惟我周太王、王季，克自抑畏[1]。文王卑服，即康功田功。徽柔懿恭，怀保小民，惠鲜鳏寡[2]。自朝至于日中昃，不遑暇食，用咸和万民[3]。文王不敢盘于游田，以庶邦惟正之供。文王受命惟中身，厥享国五十年[4]。"

注释

1　太王，王季之父。王季，文王之父。抑，犹自贬自屈也：《便读》说。畏，谓敬畏天命。

2　卑服，谓恶衣服：蔡《传》说。即，就。康，与荒通；谓野外荒地：《核诂》说。功，事。简朝亮《尚书集注述疏》云："徽，和也。"懿，美。怀保，保护。惠，爱。鲜，与斯通；此也。

3　昃，日西斜。日中昃，谓自日中至日昃。咸，读为"诚"；和也。

4　盘，乐也：义见《尔雅》。田，畋猎。以，犹与也：《述闻》说。惟正之供，《国语·楚语》引此语"正"作"政"；

"供"，作"恭"。之，犹是也。此受命，谓继承其父之位。中身，中年。据《礼记·文王世子》，文王年九十七而终；则其即位之年，当为四十八。《吕氏春秋·制乐》篇及《韩诗外传》（卷三）皆谓文王在位五十一年；故伪孔《传》谓文王即位时年四十七。此言五十年，盖举成数言之。

译文

周公说："唉！只有我们周的太王、王季，能委屈自己敬畏天命。文王穿着破烂的衣服，从事荒野田亩的工作。他和柔、善良，而又恭敬，保护民众，爱护孤苦无依的人。从清晨到中午乃至下午，他都没工夫吃饭，以求与民众处得融洽。文王不敢乐于游玩打猎，而只是和各国恭谨地办理政治。文王在中年的时候接受了君位，他享有国运五十年。"

周公曰："呜呼！继自今嗣王，则其无淫于观、于逸、于游、于田，以万民惟正之供[1]。无皇曰：'今日耽乐。'乃非民攸训，非天攸若，时人丕则有愆[2]。无若殷王受之迷乱，酗于酒德哉[3]！"

注释

1 继自今，谓自今以后。淫，过度。观，台榭之乐：《便读》说。

2 《尚书故》谓：皇，遽也。攸，所。《平议》谓：训，顺也。若，顺。时，是。丕则，于是。愆，过。

3 受，纣名。酗，谓过度饮酒。德，行为。

周公说:"唉!从今以后继承(先王)的君主,可不要过分沉醉于台榭之乐,以及安逸、游玩、田猎,而要和民众恭谨地办理政事。不要遽然地说:'今天大大地享乐一番吧。'(这样,)那就不是百姓所能顺从的,也不是老天所能顺从的,这样的人就有罪过了。不要像殷的国君那样受迷惑而昏乱,那样过度地饮酒啊!"

周公曰:"呜呼!我闻曰:古之人犹胥训告,胥保惠,胥教诲;民无或胥诪张为幻¹。此厥不听,人乃训之;乃变乱先王之正刑,至于小大。民否则厥心违怨,否则厥口诅祝²。"

注释

1 胥,相。训告,犹言劝导。惠,爱。诪张,欺诈。幻,以假乱真。

2 听,从。人,指官吏言。训,顺。正,政。刑,刑法。小大,指正刑言。否,读为"丕"。丕则,于是。违,恨也:义见《韩诗》。诅祝,诅咒。

译文

周公说:"唉!我听说,古时的人还要互相劝导,互相保养爱护,互相教诲,(因此)人们就没有互相欺诈造假的。对于这道理若不听从,官员们就都顺从了(坏风气),就变更和混乱了先王的政治刑法,以至于小的和大的(法度)。人们于是就心中怨恨、口中诅咒了。"

周公曰："呜呼！自殷王中宗，及高宗，及祖甲，及我周文王，兹四人迪哲[1]。厥或告之曰：'小人怨汝詈汝。'则皇自敬德。厥愆，曰：'朕之愆，允若时。'不啻不敢含怒[2]。此厥不听，人乃或诪张为幻。曰：'小人怨汝詈汝。'则信之。则若时，不永念厥辟，不宽绰厥心；乱罚无罪，杀无辜。怨有同，是丛于厥身[3]。"

注释

1　迪，与攸通；语词。哲，明智。

2　小人，民众。詈，骂。皇，遽。敬德，谨慎于行为。愆，过失。允，诚然。时，是。不啻，不但。

3　永，久远。辟，法。绰，缓。同，会合。丛，聚集。

译文

周公说："唉！从殷王中宗，到高宗，到祖甲，以及我们周文王，这四个人是明智的。若有人来告诉他们：'百姓在怨恨你、责骂你。'他们就立刻谨慎于自己的行为。（若是）他们的过错，就说：'我的过失，真是这样。'不但不敢生气。这种道理假如不听从，官员们就互相欺诈作伪了。有人说：'百姓在怨恨你、责骂你。'君主就相信了这话。这样，就不深远地去考虑国家的法度，也不能使自己的心胸宽大和缓，于是就胡乱地惩罚没有过失的人，胡乱地杀害没有罪恶的人。（结果）怨恨会合起来，就聚集到他身上。"

周公曰："呜呼！嗣王其监于兹[1]！"

注释

1 监，与鉴同义。

译文

周公说："唉！（你这）先王的继承者可要把这番话作为鉴戒呀！"

君奭

本篇所记，皆周公告召公之言，开首即有"君奭"二字，故以名篇。《史记》谓周公摄政，召公疑之，因作本篇。然篇中实未见有召公疑周公之语，只是史官记周公勉召公共辅成王之言耳。

周公若曰："君奭[1]！弗吊，天降丧于殷，殷既坠厥命，我有周既受。我不敢知曰，厥基永孚于休[2]；若天棐忱，我亦不敢知曰，其终出于不祥[3]。

注释

1 君，尊称。奭，召公名。《说文》谓奭读若郝；此从俗读。召公，姬姓；或以为文王子，或以为文王从子，或以为周之支族，尚无定论。

2 敢，语词。基，业也：《核诂》说。孚，《尚书故》读为"符"，合也。休，与庥同；福祥也。

3 若，与越通；语词。棐忱，不可信赖也：义见《大诰》。祥，吉。

译文

周公如此说："君奭！不幸得很，老天降下了灭亡给殷朝，殷朝已丧失了他的国运，我们周朝已接受了（他的国运）。我可不知道，我们的功业会不会永远合于吉祥，老天是不可信赖的，我可也不知道，我们将来会不会最终走到不吉祥的路上去。

"呜呼！君！已曰时我[1]。我亦不敢宁于上帝命，弗永远念天威，越我民；罔尤违、惟人[2]。在我后嗣子孙，大弗克恭上下，遏佚前人光在家；不知天命不易、天难谌，乃其坠命，弗克经历嗣前人恭明德[3]。在今予小子旦，非克有正；迪惟前人光，施于我冲子[4]。"

注释

1 君，指君奭言。时，善。

2 宁，意谓安享。越，与。违，恨。罔尤违、惟人，谓人无怨恨之者。

3 上下，谓天地。遏，绝。佚，失。光，谓光显之德业。不易，不容易。谌，信赖。天难谌，义与若天棐忱同。《尚书故》谓：经历者，长久也。

4 正，善也：《尚书故》说。迪惟，发语词。冲子，指成王言。

译文

"唉！君！（老天）已经认为我们善良了。我们就不敢安然享受上帝（所给）的命运，也不敢不永远地顾虑着老天的威怒，以及我们的民众，（这样）人们才不至于怨恨。要是我们后世的子孙，过度地不尊敬天地，断绝了失掉了祖先的光彩在（我们的）国家；他不了解天命是不容易（保持）的，天是难以信赖的，那么，就会失掉国运，就不能永久继承着祖先那恭敬而光明的品德。现在我这青年人旦，没有什么长处，只是把祖先的光彩，来施给我们这年轻的君王了。"

又曰："天不可信，我道惟宁王德延，天不庸释于文王受命[1]。"

注释

1　信，信赖。道，马融本及魏石经皆作迪。迪惟，发语词。宁王，文王。延，续。释，舍。庸释之词，又见于《多方》。《核诂》谓：庸释，犹舍弃也。

译文

又说："老天是不可信赖的，我们只要把文王那种美德延续下去，老天就不会废弃文王所受之天命（国运）的。"

公曰："君奭！我闻在昔，成汤既受命，时则有若伊尹，格于皇天[1]。在太甲，时则有若保衡[2]。在太戊，时则有若伊陟、臣扈，格于上帝；巫咸，乂王家[3]。在祖乙，时则有若巫贤[4]。

在武丁，时则有若甘盘[5]。率惟兹有陈，保乂有殷；故殷礼陟配天，多历年所[6]。天惟纯佑命，则商实百姓王人，罔不秉德明恤；小臣屏侯甸，矧咸奔走[7]。惟兹惟德称，用乂厥辟。故一人有事于四方，若卜筮，罔不是孚[8]。”

注释

1　伊尹，名挚。格于皇天，意谓其德能感动天帝。

2　太甲，汤孙。保衡，旧以为伊尹。按：保似为官名，衡乃人名。其人不可考，疑即《诗·商颂》之阿衡。

3　太戊，太甲孙。伊陟，伊尹子。臣扈，似非《书序》所谓汤时之臣扈；盖汤时之臣扈，至太戊时不得尚在也：孙《疏》有说。《述闻》谓：巫咸，当《作》巫戊。乂，治。

4　祖乙，《史记》以为河亶甲子；王国维据卜辞证知为仲丁子。是也。巫贤，伪孔《传》以为巫咸子。

5　武丁，殷高宗。甘盘，武丁臣。盘，古通般；故《史记》作甘般。

6　率，用；因为。陈，谓位列：《尚书故》说。有陈，言在官位。殷礼，指殷之祀礼：孙《疏》说。陟，升也；谓帝王之殁：义见《竹书纪年》。配天，谓祭天而以先王配之。历，经。所，语词。

7　纯佑，古成语。金文如克鼎、颂簋等，皆作屯右。纯，专也。佑，助也。此纯佑做名词用，谓辅佐之臣。命，意谓与之。实，通是：王树楠《尚书商谊》说。百姓，百官。江声谓：王人，王之同宗之臣。恤，忧。小臣，臣之微者：王肃说（见《正义》）。屏，应从魏石经作并。矧，亦。咸，皆。奔走，意谓勤勉。

8 兹，指上述诸臣。称，举；行。乂，保。辟，君；指殷王言。一人，谓天子。孚，信。

译文

公说："君奭呀！我听说以前的时候，成汤既已接受了天的任命，那时就有像伊尹这样的人，能以精诚感动了伟大的老天降临。在太甲，那时就有像保衡这样的人。在太戊，那时就有像伊陟、臣扈这样的人，能以精诚感召上帝降临；还有巫咸这人，来保护王朝。在祖乙，那时又有像巫贤这样的人。在武丁，那时也有像甘盘这样的人。因为有这些人在官位，保护殷国，所以殷代的祭礼，当君主死后，他的神灵就配合着天帝享受祭祀，经历了许多年代。老天是把辅佐的忠臣赐给殷王的，于是商的一般官员们和王的同宗官员们，就没有不保持着美德和了解忧患的，（在君主左右的）微贱官员以及诸侯们，也都能勤勉地服务。因为这些官员实行美德，用来保护他们的君王，所以殷天子只要对四方（天下）有所作为，（他的政令）就像用龟卜和用蓍占卦一般，没有人不信赖他的。"

公曰："君奭！天寿平格，保乂有殷；有殷嗣，天灭威[1]。今汝永念，则有固命，厥乱明我新造邦[2]。"

注释

1 寿，当读为"畴"。畴，昔也。平，当为丕之讹。皆《核诂》说。丕，语词。有殷嗣，指殷嗣夏言。天灭威，谓天不降灾祸于殷。

2 固，定也：义见《国语·晋语》韦注。《述闻》谓：乱，应作率；用也。明，光显。

译文

公说："君奭！老天曾经降临，保护殷国，因而殷就继承着夏代，老天的威怒就消失了。现在你必须永远想着这事，那么我们才有固定的命运，才能来光显我们新成立的国家。"

公曰："君奭！在昔，上帝割申劝宁王之德，其集大命于厥躬[1]。惟文王尚克修和我有夏，亦惟有若虢叔，有若闳夭，有若散宜生，有若泰颠，有若南宫括[2]。又曰：无能往来兹迪彝教，文王蔑德降于国人[3]。亦惟纯佑秉德，迪知天威，乃惟时昭文王；迪见冒闻于上帝，惟时受有殷命哉[4]。

注释

1 割，盖也：义见《礼记·缁衣》郑注。申，重复。劝，《礼记·缁衣》引作观。宁王，缁衣引作文王。其，犹乃也：《释词》说。集，谓落到……上。大命，国运。厥躬，其（文王）身。

2 修，行。和，和洽。有夏，谓周也：《尚书故》说。虢叔等五人，皆文王贤臣。

3 王树楠《尚书商谊》谓：又曰，犹言有曰。按：犹今语如果说。往来，犹言奔走。兹，如此。迪，用。彝，常。蔑，无。

4 亦惟，仍指虢叔等言。纯佑，专意辅佐；见前。迪，攸。惟时，于是。孙《疏》谓：昭，同诏，勖也；辅导也。迪，用。见，犹被也。冒闻，上闻。

译文

公说："君奭！在以往的时候，上帝大概是重复地观察了文王的品德，于是就把国运降到他身上了。文王尚且能够在我们周国修行和睦的教化，也还有像虢叔，像闳夭，像散宜生，像泰颠，像南宫括这样的人。如果说他们不能这样勤勉地遵循着法教，那文王就没有恩德降给国民了。也只有这五个人专心致志地辅佐（王朝）而且能保持美德，（他们）知道老天惩罚（人们的原因），于是辅导着文王，（这情形）被上帝听见了，于是（文王）就接受了殷国的命运。

"武王惟兹四人，尚迪有禄[1]。后暨武王，诞将天威，咸刘厥敌[2]。惟兹四人昭武王，惟冒，丕单称德[3]。

注释

1 孙《疏》谓：武王时虢叔已死，故云兹四人。迪，攸。死者谓之无禄或不禄；故有禄谓尚在也：参林之奇（《尚书故》引）及《核诂》说。

2 暨，与。诞，语词。将，奉行。咸，皆。刘，杀。

3 昭，辅导。参前注。冒，勉。丕，语词；犹乃也。单，大。称，行。

译文

"武王时只有这四个人，还生存着。后来他们和武王，来奉行老天的惩罚，把他们的敌人通通杀了。也只有这四个人辅导着武王，奋勉地（做事），于是大大地施行了恩惠。

"今在予小子旦，若游大川、予往暨汝奭其济[1]。小子同未，在位诞无我责[2]。收罔勖不及，耇造德不降；我则鸣鸟不闻，矧曰其有能格[3]？"

注释

1 济，渡过。

2 同未，与调昧、童昧同义；言年幼无知也：《尚书故》说。在位，谓官吏。诞，语词。无我责，谓无人责我也：本《骈枝》说。

3 收，疑当作攸：《骈枝》说。勖，勉。不及，谓行事不周到。耇，老。造，至。

译文

"现在我这青年人旦，就好像渡过一条大河一般，我去（渡水）和你奭一起，才能渡过去。我这青年人是愚昧无知的，而在职的官员们却没有人来责备我。我所做不到的，竟没有人来勉励我；我已老了，却不能把德惠降给人民。（这样说来，）我连鸟叫的声音都听不到，还能感动神明使他降临吗？"

公曰："呜呼，君！肆其监于兹。我受命无疆惟休，亦大惟艰。告君乃猷裕，我不以后人迷[1]。"

注释

1 乃，犹厥也。猷裕，道也：参《康诰》。以，使。

译文

公说：“唉，君！对上述这些话，你要加以正视。我们周人接受了国运，是无穷无尽的吉祥，也是非常重大的艰难。告诉君这个道理，我们不要使后代子孙迷惑。”

公曰：“前人敷乃心，乃悉命汝，作汝民极[1]。曰：‘汝明勖偶王，在亶。乘兹大命。惟文王德丕承，无疆之恤[2]。’”

注释

1　前人，谓武王：江声说。敷，布。悉，详尽。作，犹言造就。极，准则。

2　明勖，黾勉。孙《疏》谓：偶，侑也；辅也。亶，诚。乘，孙《疏》训为承。大命，谓天命。之，是。恤，忧。

译文

公说：“前人（武王）曾经宣布他的心意，曾详尽地告诉你，为了把你造成人民的表率。他说：‘你要奋勉地来辅佐君主，要忠实。承受这天赐的命运，只有继承着文王的德行，和无穷无尽的忧虑（要永远地忧虑国事）。’”

公曰：“君！告汝朕允[1]。保奭！其汝克敬以予监于殷丧大否，肆念我天威[2]。予不允惟若兹诰，予惟曰襄我二人[3]。汝有合哉，言曰：‘在时二人[4]。’天休滋至，惟时二人弗戡。其汝克敬德，明我俊民，在让后人于丕时[5]。呜呼！笃棐时二人，我式克至于今日休[6]。我咸成文王功于不怠，丕冒；海隅出日，罔不率俾[7]。"

注释

1 允,诚。

2 保,太保。敬,谨。以,与。否,不善。肆,语词。我天威,意谓我若为恶亦将遭受天之惩罚。

3 允,用也:《核诂》说。襄,助。我二人,谓己及召公。

4 合,指意志相合。时,是。

5 休,与庥义同,福庆也。滋,益;犹言盛多。戡,与堪通,胜也。明,扬;举用。俊民,谓才智之士。让,读为"襄",辅助也。丕,语词。时,善。

6 笃,诚恳。棐,辅。式,用。

7 咸,皆。功,事。冒,勉。海隅出日,指日出之海滨;意谓荒远处。罔不率俾,无不顺从也:《述闻》说。

译文

公说:"君!我真诚地告诉你。太保奭!你要能够谨慎地和我以殷人的灭亡这种大不好的事作为鉴戒,从而顾虑我们也可能遭到的天的惩罚。我不用再如此告诉你了,我只是说各官员要来协助我们两个人。你和我的意见是相合的,你说:'是在(我们)这两个人身上。'老天赐予我们的幸福丰盛地到来,于是我们两个人就不能胜任。你可要谨慎你的德行,提拔我们杰出的人才,(目的是)辅助后人走到美善的境界。唉!(因为官员们)诚恳地辅佐(我们)两个人,所以我们(周人)才能到达今天的幸福境地。我们都要不懈怠成就文王的功业,奋勉地(去做);那么就是海滨日出的荒远地方,也没有不服从我们的。"

公曰："君！予不惠若兹多诰，予惟用闵于天越民[1]。"

注释

1　惠，惟。闵，忧。越，与。

译文

公说："我也不这样多多劝告你了，我只是因为忧虑老天（降罚）以及百姓（受难）而已。"

公曰："呜呼，君！惟乃知民德，亦罔不能厥初，惟其终[1]。祇若兹，往、敬用治[2]。"

注释

1　乃，汝。德，性情行为。初，谓事之始。终，谓善终。
2　祇，但只。往，谓自今以往。

译文

公说："唉，君呀！你是知道民众的性情行为的，他们开始没有不好的，只看他们有没有好的结果。（我所要劝告你的）不过上述的这些，从今以后，谨慎地从事政治吧。"

多方

　　甲骨文及西周文献，常谓"国"曰"方"；"多方"一词，亦屡见于甲骨文。多方，犹言众国也。本篇虽云："告尔四国多方"，实周公以成王命诰东土诸国之辞，乃为殷遗民而作也。

　　惟五月丁亥，王来自奄，至于宗周[1]。

注释

　　1　五月，《核诂》谓当为周公监雒后五年之五月，故文中有"奔走臣我监五祀"之语。《尚书大传》谓此五月属周公摄政三年，而《史记》则属之七年周公反政之后；二说兹皆不取。宗周，镐京。

译文

　　五月丁亥日，王从奄回来了，到了宗周。

　　周公曰："王若曰：'猷，告尔四国多方，惟尔殷侯尹民[1]。我惟大降尔命，尔罔不知。洪惟图天之命，弗永寅念于祀[2]。惟帝降格于夏，有夏诞厥逸，不肯慼言于民；乃大淫昏，不克终日劝于帝之迪：乃尔攸闻[3]。厥图帝之命，不克开于民之丽；乃大降罚，崇乱有夏，因甲于内乱[4]。不克灵承于旅，罔丕惟进之恭，洪舒于民[5]。亦惟有夏之民，叨懫日钦，劓割夏邑[6]。天惟时求民主，乃大降显休命于成汤，刑殄有夏[7]。'

注释

1 猷，发语词。四国，见《多士》注。惟，犹与也：《释词》说。尹，治也：《尚书故》引戴钧衡说。

2 洪惟，发语词。于省吾谓：图，当读为"鄙"；古图、鄙同字。寅，敬。

3 降格，神降临也；意谓降福。诞，大。逸，乐。戚，忧。言，语词。劝，勉。迪，道。攸，所。

4 图，读为"鄙"。开，释。丽，罗网；此指法网言：孙《疏》有说。崇，重。甲，读为"狎"；习也；经常也。

5 承，保。灵承，善于保护也。旅，众。丕，读为"不"。孙《疏》谓：进，读为"赆"；财也。之，是。恭，与共通，供也。洪，大。舒，古文作荼（见《困学纪闻》）。荼，害也。

6 叨，《说文》作饕；贪也。懫，《说文》作懥；忿戾也。钦，与廞通；兴也：孙《疏》说。劓（yì），割鼻之刑。劓割，犹言宰割。

7 惟时，于是。显休命，光显美好之命。刑，诛。殄，绝。

译文

周公说："王如此说：'嗯，告诉你们天下众国家，以及你们这些殷国诸侯治理之下的民众。我曾大大地发布了一个命令给你们，你们没有人不知道的。你们鄙弃老天的命令，不能永远虔敬地关心着祭祀。（以往）上帝降临到夏朝来，后来夏朝大大地享乐，不肯忧虑民众，竟然大大地淫乱昏聩，不能整天地勉力于上帝之道，这是你们所听说过的。他们鄙弃上帝的命令，不肯放开对付民众的罗网，所以（上帝）就大大地降下了惩罚，导致夏朝严重混乱，因而夏朝经常发生内乱。夏朝不善于保护它的民众，百姓没有不尽力进献财物的，因而深深地毒害了民众。以致夏代的民众，贪财愤恨的风气一天天地盛行起来，宰割了夏国。老天于是就寻求人民的君主，而大大地降下了光明、美好的命令给成汤，就消灭了夏朝。'

"'惟天不畀纯，乃惟以尔多方之义民，不克永于多享¹。惟夏之恭多士，大不克明保享于民，乃胥惟虐于民；至于百为，大不克开²。乃惟成汤，克以尔多方，简代夏作民主。慎厥丽、乃劝，厥民刑、用劝³。以至于帝乙，罔不明德慎罚，亦克用劝。要囚，殄戮多罪，亦克用劝；开释无辜，亦克用劝。今至于尔辟，弗克以尔多方享天之命⁴。'

注释

1 畀，予。纯，善；指福祥言。以，使。义民，良民。享，受也：《便读》说。

2 恭，本当作共；与供通。恭多士，谓供职之群臣。明，勉。保享，犹言保护。胥，相。百为，各种作为。不克开，乃"不克开于民之丽"之省文：《便读》说。

3 简，与闻通；迭也。简代，迭代也：《平议》有说。民主，民之主宰；即天子。丽，刑罚。乃劝，意谓汤能鼓励人民向善。厥民刑，谓施予民众以刑罚。用劝，谓用以劝勉民众为善。

4 要囚，与幽囚同义；囚禁也：义见《康诰》。多罪，谓多罪之人。辟，君。尔辟，指纣言。享，受。

译文

"'老天不再把福祥给予他（夏桀），致使你们这众国的善良百姓，不能长久地多多地享受（安乐）了。那夏朝供职的官员们，不能勉力地保护民众，反而对民众以暴虐相向，以至于所有的作为，都不肯打开（惩罚民众的法网）。到了成汤，才能和你们各国代替了夏王来做人民的主宰。他慎重他的刑法，所以百姓都能勉力向善；他对人民施行惩罚，也是用来勉励百姓的。一直到帝乙，没有一个不是光显他的品德慎重他的刑罚的，所以也能够用以勉励人民（向善）。监禁罪犯，杀死多罪的人，也能够用以勉励人民；把无罪的人赦免了，也能够用以勉励人民。现在到了你们的君主，就不能和你们这些国家来享受老天所赐予的命运了。'

"呜呼！王若曰：'诰告尔多方，非天庸释有夏，非天庸释有殷；乃惟尔辟，以尔多方，大淫图天之命，屑有辞[1]。乃惟有夏，图厥政，不集于享；天降时丧，有邦间之[2]。乃惟尔商后王，逸厥逸，图厥政，不蠲烝；天惟降时丧[3]。'

注释

1　庸释，舍弃：义见《君奭》。辟，君。淫，过度。图，鄙弃。屑，杂碎众多貌：义见《荀子》杨倞注。

2　图，鄙弃。集，就。享，谓享受安乐。有邦，指殷言。间，代。

3　上"逸"字，过也。逸厥逸，谓过于逸乐。图，鄙弃。蠲，洁。烝，祭也：《尚书故》说。

译文

"唉！王如此说：'告诉你们这许多国家，这并不是老天舍弃夏国，也不是老天舍弃殷国，只是你们的君主，和你们许多国家，过度地鄙弃了老天的命令，以致造成了很多的罪状。只是夏国鄙弃他的政治，不趋向于享受安乐（的道路），天就降下这灭亡（之祸）来，另有国家来代替了夏。你们商代末年的君主，竟然过度地享乐，鄙弃他的政治，不能清洁地举行祭祀，老天也就降下了这灭亡之祸。'

"'惟圣罔念作狂，惟狂克念作圣¹。天惟五年须暇之子孙，诞作民主；罔可念听²。天惟求尔多方，大动以威，开厥顾天。惟尔多方，罔堪顾之³。惟我周王，灵承于旅，克堪用德，惟典神天⁴。天惟式教我用休，简畀殷命，尹尔多方⁵。'

注释

1 罔，不。念，经常思虑。作，则。克，能够。

2 此五年，指文王七年至武王十一年之期间：孙《疏》说。须暇，宽假也：《尚书故》说。子孙，谓汤之子孙，即纣也。诞，语词。听，从。

3 求，意谓问罪。动，惊动。动以威，谓降灾。开，启发。顾，顾畏。堪，犹能也。

4 灵承，见前注。典，法。

5 式，用。用，以。简，选择。畀，与。尹，治理。

译文

"'明哲的人若不常常思虑就会变成狂妄的人，狂妄的人若能常常思虑就会变成明哲的人。老天以五年的时间宽待商的子孙，让他（仍然）做人民的主宰，但是他却不考虑听从（天意）。老天就寻求（问罪）你们众国，大大地用灾难来惊动你们，为的是启发你们顾虑天意。可是你们诸国，竟没有人顾虑天意。而我们周王呢，能好好地保护民众，能够照着美德（行事），只是效法神明的老天。老天于是就教导我们以福祥之道，选择了我们而且把殷国的命运给了我们，来统治你们众国家。'

"'今我曷敢多诰？我惟大降尔四国民命，尔曷不忱裕之于尔多方？尔曷不夹介乂我周王，享天之命¹？今尔尚宅尔宅，畋尔田，尔曷不惠王熙天之命²？尔乃迪屡不静，尔心未爱；尔乃不大宅天命，尔乃屑播天命；尔乃自作不典，图忱于正³。我惟时其教告之，我惟时其战要囚之，至于再，至于三⁴。乃有不用我降尔命，我乃其大罚殛之⁵。非我有周秉德不康宁，乃惟尔自速辜⁶。'

注释

1 《大义》谓：忱裕，道告也。夹，辅。介，助。乂，安。以上三字，皆《便读》说。

2 畋，平田也：义见《说文》。平田，即治田。惠，顺。熙，光显。

3 迪，语词。孙《疏》谓：爱，惠也；惠，顺也。宅，度。屑，通洓；过也。播，弃。典，法。图，谋。忱，读为"扰"；告言不正也。正，谓正道。

4　惟时，于是。战，与单通；公伐郤钟"攻战"作"攻单"。单，读为"殚"；尽也。参于省吾及《核诂》说。

5　殄，诛。

6　速，召。

译文

"'现在我哪里敢（唠唠叨叨地）多劝告你们？我啊（已经）大大地发布过一个命令给你们四方的民众了，你们为什么不告诉你们众国家（的民众）？你们为什么不辅助、安定我们周王，来享受老天所赐的命运？现在你们还住在你们的住宅，还治理着你们的田地，你们为什么不顺从王朝来发扬光大老天所给的命运？你们反而屡次不安静，你们心里都不顺从（我们王朝）；你们也不大大地度量度量天命，你们竟然过度地废弃天命；你们自己照着不法的行为去做，企图煽惑众人。我于是就来劝导你们，我于是就通通监禁起来，以至于两次，甚至三次。若还有人再不服从我所发布给你们的命令，那么我就要大大地惩罚他、杀死他。这并不是我们周人的德行不好安宁，乃是你们自己找罪受。'

"王曰：'呜呼！猷，告尔有方多士，暨殷多士[1]。今尔奔走臣我监五祀，越惟有胥伯小大多正，尔罔不克臬[2]。自作不和，尔惟和哉！尔室不睦，尔惟和哉！尔邑克明，尔惟克勤乃事[3]。尔尚不忌于凶德，亦则以穆穆在乃位，克阅于乃邑、谋介[4]。尔乃自时洛邑，尚永力畋尔田；天惟畀矜尔。我有周惟其大介赉尔，迪简在王庭，尚尔事，有服在大僚[5]。'

注释

1　《释词》谓：有，语词；有方，犹有邦、有夏、有殷也。

2　周公留雒监殷，故云我监：《核诂》有说。五祀，五年。越惟，发语词。胥，谓繇役：孙《疏》说。伯当读为师褱殷之貟，财赋也。于省吾说。正，古通征。臬，法。

3　尔邑，指殷人所居之城邑言。《大义》谓：明，盛也。

4　不，读为"丕"；语词。忌，恶。凶德，恶行。穆穆，美盛。阅，历久。介，助。

5　时，是。尚，庶几；希望之词。天惟畀矜尔：义见《多士》。介，助。赉，赐。"迪简"语已见《多士》。王庭，指周室言。服，职位。大僚。犹言高位。

译文

　　"王说：'唉！嗯，告诉你们各国的官员们，以及殷国的官员们。现在你们辛劳地在我监督之下服务已经五年了，对于劳役赋税那些大大小小的许多征召征收，你们没有不守法的。但是你们却自己造成不和睦的局势，你们要（与政府）融洽呀！你们家里也不和睦，你们也要互相和睦呀！你们的城邑要兴盛，只有勤勉于你们的事业。希望你们能厌恶那罪恶的行为，那才可以优美地守着你们的职位，能够永久地住在你们的城邑，计划着辅助（我们周王朝）。你们从此在这洛（雒）邑，希望（你们）永久地尽力去整理你们的田地，老天会给你们怜悯的。我们周人也要大大地扶助赏赐你们，选拔你们到周王朝来，给你们高尚的职务，使你们拥有大的官职。'

"王曰:'鸣呼!多士!尔不克劝忱我命,尔亦则惟不克享,凡民惟曰不享[1]。尔乃惟逸惟颇,大远王命;则惟尔多方探天之威,我则致天之罚,离逖尔土[2]。'

注释

1 劝,勉力。忱,信赖。二"享"字,皆指享受安乐言;与《雒诰》之语异义。

2 逸,泆也;放荡也:《便读》说。颇,邪。远,意谓违离。《尚书故》据王树楠说,谓:探,触冒也。逖,远。

译文

"王说:'唉!(你们)众官员!你们若不能勉力地信赖我的命令,你们就不能享受安乐,民众也就不能享受安乐了。你们竟然放荡、邪恶,大大地违背了王朝的命令,那就是你们众国冒犯了老天的威严,我就推行老天的惩罚,使你们远远地离开你们所居留的地方。'

"王曰:'我不惟多诰,我惟祇告尔命[1]。'

注释

1 命,指天命言。

译文

"王说:'我不再多劝告你们了,我只是告诉你们老天(注定)的命运。'

"又曰：'时惟尔初；不克敬于和[1]，则无我怨。'

注释

1 敬，谨。于，越也；与也：《释词》说。

译文

"又说：'这是你们的开始，你们若不能谨慎与和洽，（我将要惩罚你们，）那可不要怨恨我。'"

立政

《述闻》云："此篇皆言官人之道，故以立政名篇，所谓'惟正是乂之'也。《尔雅》：'正，长也。'政为正之假。"则立政犹言设官。以经文核之，王氏之说甚谛。《尚书故》云："政事对文，则政为长官，事为群职；单文则政即是官。"本篇所言，乃周公告成王以设官之道也。

周公若曰："拜手稽首，告嗣天子王矣[1]。"

注释

1 嗣天子，谓成王。王矣，谓已即君位。

译文

周公如此说："叩头又叩头，报告你这继承先王的天子现在已经做王了。"

用咸戒于王，曰王左右常伯、常任、准人、缀衣、虎贲[1]。

注释

1 《尚书故》谓：咸，箴之借字。曰，与越通；与也：《大义》说。常伯，犹秦汉时之侍中。常任，犹汉之中常侍。准人，疑犹秦汉之廷尉：皆《便读》说。缀衣，官名；主管王之衣服：孙《疏》说。虎贲，武官之护卫天子者。

译文

（周公）于是劝诫于王，以及王左右的常伯、常任、准人、缀衣、虎贲等官员。

周公曰："呜呼！休兹，知恤鲜哉[1]！古之人迪惟有夏，乃有室大竞，吁俊尊上帝，迪知忱恂于九德之行[2]。乃敢告教厥后曰：'拜手稽首，后矣。'曰：'宅乃事，宅乃牧，宅乃准，兹惟后矣[3]。谋面用丕训德，则乃宅人，兹乃三宅无义民[4]。'

注释

1 休，美。《尚书故》谓：兹，叹词；休兹，犹言美哉。恤，忧。鲜，善也：《便读》说。

2 二"迪"字皆语词。有室，指卿大夫言。竞，犹言要好。吁，呼。俊，才智之士。忱，诚。恂，信。九德，似非《皋陶谟》之九德，其详未闻。

3 宅，当作度；柯劭忞先生有说，见《尚书故》引。《东坡书传》谓：事，谓常任；牧，谓常伯；准，谓准人。兹，如此。

4　谋面，宣勉也：《尚书故》说。用，以。丕，语词。训，顺。乃，犹能也：《尚书故》说。宅人，谓度量用官之道。三宅，指上文事、牧、准三事而言。《述闻》谓：义，读为"俄"；邪也。

译文

周公说："唉！好啊，能知道忧虑（国事）就好啊！古时的人像夏代，他们的大夫们都能大大地要好，（他们）呼吁杰出的人们尊敬上帝。（他们）知道诚实地遵照九德而行。（他们）才敢报告他们的君主：'叩头又叩头，你已做了君主了。'说：'要揣度（怎样任用）你的常任之官，要揣度（怎样任用）你的常伯之官，要揣度（怎样任用）你的准人之官，这样，那就配算是君主了。能奋勉地顺循着美德（去做），那就可以量才用官；这样，在这三方面度量才不会有邪恶不正的官员。'

"桀德惟乃弗作往任，是惟暴德，罔后[1]。亦越成汤陟，丕厘上帝之耿命；乃用三有宅，克即宅；曰三有俊，克即俊[2]。严惟丕式，克用三宅三俊[3]。其在商邑，用协于厥邑；其在四方，用丕式见德[4]。

注释

1　德，行为。弗作，不为。往任，前人任官之道。是惟，是以也：《尚书故》说。暴德，暴行。罔后，谓亡国绝后。

2　亦越，承上启下之词：《释词》说。陟，谓登天子之位。丕，语词。厘，治理。耿，光显。用，意谓从事。有，语词。三宅，谓以事、牧、准三者度人；三俊，谓以三者进用人：本《尚书故》说。曰，与越通；与也。克即宅，言其度皆当。克即俊，言所用皆才智之士。

3　严，俨然。式，法。

4　商邑，指殷都言。协，和洽。

译文

"夏桀的行为乃是不遵循以往任用人才的道理，所以行为暴虐，就没有后代了。到成汤升位时，他就能够料理上帝那光显的命令，于是从事三方面的揣度，所揣度的都很适当，而在这三方面所提拔的人才，也都是俊杰之士。他俨然成为天下的表率，就是由于他能够在三方面揣度人才、在三方面任用杰出的人才。他在商的都城里，因而就和都城的人非常融洽；他在四方各国，于是成为模范而表现出他的美德来。

"呜呼！其在受德暋，惟羞刑暴德之人，同于厥邦；乃惟庶习逸德之人，同于厥政[1]。帝钦罚之，乃伻我有夏，式商受命，奄甸万姓[2]。亦越文王、武王，克知三有宅心，灼见三有俊心；以敬事上帝，立民长伯[3]。立政：任人、准夫、牧，作三事，虎贲、缀衣、趣马、小尹，左右携仆，百司庶府，大都、小伯、艺人、表臣、百司，太史、尹伯、庶常吉士，司徒、司马、司空、亚旅，夷、微、卢、烝、三亳、阪、尹[4]。文王惟克厥宅心，乃克立兹常事司牧人，以克俊有德[5]。

注释

1　受，纣名。德，行为。《核诂》谓：《吕氏春秋·当务》篇以纣名受德，盖因此文而误。暋，昏。羞，狃也；犹习也：

《便读》说。同，共。庶，众。习逸德，意谓惯于为恶。

2　帝，上帝。孙《疏》谓：钦，与廞通；兴也。伻，使。有夏，周人自谓；参《康诰》区夏。奄，覆；犹言普被。甸，治。万姓，万民。

3　心，意；意谓道理。灼，明。长伯，犹言官长。

4　立政，犹言设官。任人、准夫、牧，《东坡书传》以为即常任、准人、常伯。作，为。三事，三卿。趣马，掌马之官。小尹，围师之类；孙《疏》说。左右携仆，赞正君服位之官：《正义》说。司、府，皆官名；主财物券契典藏者。《曲礼》以司土、司木、司水、司草、司器、司货为天子之六府；《周礼》有太府、王府、内府、外府、泉府、天府等。此言百司庶府，乃总括诸官之词：江声说。《周礼·载师》注引《司马法》云："小都，卿之采地。大都，公之采地。"《核诂》疑小伯即小都之长。艺，当读为"埶"。艺人，埶御之人；近侍之臣也：《平议》说。于省吾谓：表，当作封。封臣，即封人。封人，官名；掌筑土为坛埒，及筑疆界之事：义见《周礼》。此百司，指都邑之百司言。太史，史官之长。《核诂》谓：尹伯，盖谓尹氏。伪孔《传》谓：庶常吉士，众掌常事之善士也。亚、旅：义见《牧誓》。微、卢，皆戎国名：义见《牧誓》。烝、阪、尹，皆蛮夷杂居之地：《平议》说。三亳，皇甫谧谓：蒙为北亳，谷熟为南亳，偃师为西亳。此三亳盖皆殷遗民聚居之处。

5　厥，语词：《释词》说。常事，犹孟子所谓常职。常事司牧人，谓常职主治之人也：《尚书故》说。

译文

"唉！在受的时候他的行为昏暗不明，与惯用刑罚、行为残暴的官员们，同在他的国家中，竟然与那些惯于作恶的官员共同来办理他的政治。上帝于是起来惩罚他，就使我们西方（的周），以商的土地而接受了国运，来普遍地统治所有的民众。到了文王、武王时代，他们能了解照着三方面度量用人的意思，（而且）也明显地见到在三方面任用杰出人才的道理，用以虔敬地侍奉上帝，为民众设立官长。设立的官员们是：任人、准夫、牧（常伯），作为三卿（以上是执政的大员），虎贲、缀衣、趣马、小尹，左右携仆，和各种管理财物契券的官员们（以上是侍御之官），大国诸侯、小国诸侯、艺人、封臣、属于诸侯的管理财物的官员们，太史、尹伯、许多办理经常事务的善良官员，司徒、司马、司空、亚和旅（以上是诸侯的官员），还有专管夷、微、卢、烝、三亳、阪、尹这些野蛮民族和殷遗民的官员。文王能用心度量，所以他能设立这些常设的主管政事的官员，能够用杰出而有德行的人。

"文王罔攸兼于庶言：庶狱、庶慎，惟有司之牧夫，是训用违；庶狱、庶慎，文王罔敢知于兹[1]。亦越武王，率惟敉功，不敢替厥义德；率惟谋从容德，以并受此<u>丕丕基</u>[2]。

注释

1　兼，谓兼顾。庶，众。言，与讯义通。《易·师卦》六五之"执言"，即《诗》之"执讯"，可证。庶言，谓众讯狱之事。庶狱，诸讼狱之事。慎，与讯通；庶慎，亦谓诸讯狱之事：于省吾说。有司，谓主其事者。牧夫，谓官吏。训，顺。用，龙君宇纯疑当为毋之讹；毋，无也。知，意谓过问。

2　率，用。敉，与弥同义；终竟也。替，废。厥，其；指文王言。义德，善行。率，用。谋，图谋。容，当为睿，即"睿"字；《尚书故》说。睿德，谓文王明智之行。《述闻》谓：并，普也。丕丕，大也。基，基业。

译文

"文王不兼管那些判案子的事：关于那些诉讼事件、判案子的事件，只是顺从主管其事的官员们（的意见），而无所违背；那些诉讼事件、判案子的事件，文王不敢过问它们。到了武王时代，就完成了（文王的）事业，不敢废弃文王的善行，只是计划着遵照文王的明智行为（去做），所以就普遍接受了这伟大的王业。

"呜呼！孺子王矣！继自今，我其立政、立事[1]。准人、牧夫，我其克灼知厥若，丕乃俾乱；相我受民，和我庶狱、庶慎[2]。时则勿有间之，自一话一言[3]。我则末惟成德之彦，以乂我受民[4]。

注释

1　继自今，谓从今以后。立政，谓建立长官；立事，谓建立群职：《述闻》说。

2　若，善。丕，语词。俾，使。乱，治。相，助。受民，受于天之民。和，适当：义见《淮南子》注。

3　时，是。间，代。自，犹于也：《尚书故》说。

4　末惟，终有也：《尚书故》说。彦，美士。乂，治理。

译文

"唉！年轻的人你现在已是君王了！从今以后，我们要设立首长、设立普通官员。像准人、牧夫等官员，我们要了解他们的优点，这样才可使他们去办理事务，帮助我们所接受于天的民众，使我们那些诉讼事件、判案子事件都能够适当。对于这方面的事情可不要代替（官员们）处理，甚至一句话、一个字（也不要多说）。那么我们周朝就终会有品德崇高的优秀人才，来治理我们所接受于天的民众。

"呜呼！予旦已受人之徽言咸告[1]。孺子王矣！继自今，文子文孙，其勿误于庶狱、庶慎，惟正是乂之[2]。自古商人，亦越我周文王，立政，立事：牧夫、准人，则克宅之，克由绎之，兹乃俾乂国[3]。则罔有立政，用憸人，不训于德，是罔显在厥世[4]。继自今立政，其勿以憸人，其惟吉士，用劢相我国家[5]。

注释

1　已受，汉石经作以前。盖已、以古通；而金文"前"字与"受"字形近，因而致讹也。徽，美。咸，箴。

2　周人以文祖文考称已故之祖及父。文子文孙，对文祖文考言；此谓成王也（武王子文王孙）。误，虞也：《尚书故》说。即顾虑之意。正，孙《疏》谓即《周书》之大正；掌刑事之官也。乂，治。

3　宅，度。由，用。绎，当作择：于省吾说。兹，如此。

4　憸，险佞。训，顺。《尚书故》谓：是，则也。

5　吉士，善士。劢，勉。相，助。

译文

"唉！我旦把前人的善言来劝告你。青年人已是君王了！

从今以后，你这先王的子孙，可不要顾虑那些诉讼事件，和那些判案子事件，（凡是这些事，）只让法官去管理好了。自古以来的商朝人，一直到我们周文王，设立首长，设立一般官员：像牧夫、准人等，他们都能揣度人才，能从而选拔人才，这样才能使（这些官员）治理国家。如果不建立（任用）官员（的准则），所用的都是阴险谄佞的人，他们都不遵循美德（去做），那么（天子）就不能显耀于他们那时代了。从今以后设立官员，可不要用那些阴险谄佞的人，只要用善良的人，来勉力地辅助我们的国家。

"今文子文孙，孺子王矣。其勿误于庶狱，惟有司之牧夫。其克诘尔戎兵，以陟禹之迹；方行天下，至于海表，罔有不服[1]。以觐文王之耿光，以扬武王之大烈[2]。呜呼！继自今后王立政，其惟克用常人[3]。"

注释

1 孙《疏》谓：诘，谨也。戎兵，武备。陟，《便读》谓犹履蹈也。禹平水土，其迹遍天下；故禹迹，犹言天下也。陟禹之迹，意即君临天下。方，普。表，外。

2 觐，见；谓表彰之。耿，光。烈，业。

3 常，与祥通；善也。常人，善人也：《尚书故》说。

译文

"现在先王的子孙、你这年轻人已是君王了。（你）可不要顾虑诉讼事件，（这些事）只是主管其事的官员们（的责任）。你要谨慎于你的武备，以践登禹所平治过的土地（做天子），

（要做到）普遍地走到天下（的每一角落），一直到达海外，没有人不服从你。用以表彰文王的光辉，和发扬武王的伟大功业。唉！从今以后，继承先王的后王要设立官员，可要任用善良的人。"

周公若曰："太史，司寇苏公！式敬尔由狱，以长我王国。兹式有慎，以列用中罚[1]。"

注释

1　太史，掌记事之官。周公欲使记此事，故呼之。司寇，官名；主刑罚。苏公，盖谓苏忿生。忿生于武王时为司寇（见《左传》杜注），此时盖尚在。式，语词。敬，谨。由，以也；犹用也：《便读》说。长，久。兹式之式，用也。有慎之有，语助词。列，等比也：义见《礼记·服问》郑注。中罚，谓适当之刑罚。

译文

周公如此说："太史，司寇苏公！要谨慎地处理讼狱之事，以使我们的王国长久。对于刑罚的事要谨慎，要加以比较而用适当的刑罚。"

顾命（康王之诰）

本篇所记，乃成王临终时之命令，及成王没后之丧礼，与康王即位时之仪节。《书序》云："成王将崩，命召公、毕公率诸侯相康王，作《顾命》。"则专就

成王之遗命而言。郑玄谓："回首曰顾，顾是将去之意。此言临终之命曰顾命，言临死将去，回顾而为语也。"（见《正义》）

伏生本以《顾命》及《康王之诰》为二篇，欧阳及大小夏侯本，则合《顾命》与《康王之诰》为一篇。马融、郑玄、王肃各家之本，亦皆作两篇，自"高祖寡命"以上为《顾命》；"王若曰"以下为《康王之诰》。伪孔本则自"诸侯出庙门俟"以上为《顾命》；"王出在应门之内"以下为《康王之诰》。说详《正义》及王先谦《尚书孔传参正》。兹则合为一篇。

惟四月，哉生魄，王不怿[1]。甲子，王乃洮頮水，相被冕服，凭玉几[2]。乃同召太保奭、芮伯、彤伯、毕公、卫侯、毛公、师氏、虎臣、百尹、御事[3]。

注释

1　哉生魄，参《康诰》。怿，悦。不怿，谓有疾。

2　甲子，刘歆《三统历》以为乃成王三十年四月十五日；是否尚难确定。《便读》谓：洮，洗手也。頮（huì），洗面。相，正王服位之官；谓太仆也：郑玄说（见《正义》）。被，披。冕，冠。凭，依。玉几，玉饰之几。

3　奭，召公名；其时为太保。芮（ruì）伯，姬姓之诸侯，其名未详。彤（tóng）伯，姒姓诸侯：王肃说（见《正义》）。其名亦未详。毕公，名高。毛公，其名无考。二人皆文王庶子。卫侯，康叔。师氏，掌兵之官：义见《牧誓》。虎臣，即虎贲：孙《疏》说。百尹，各官之首长。

译文

（这一年的）四月，刚出现一钩新月的时期，（成）王不愉快（生了病）。甲子这天，王于是用水来洗手洗脸，侍奉的官员们给王戴上了冕帽、披上了朝服，让王靠着镶嵌着玉器的矮几。于是把太保奭、芮伯、彤伯、毕公、卫侯、毛公、师氏、虎臣和各单位的首长，以及一般官员，都召唤了来。

王曰："呜呼！疾大渐，惟几；病日臻，既弥留，恐不获誓言嗣，兹予审训命汝[1]。昔君文王、武王，宣重光，奠丽陈教则肆；肆不违，用克达殷集大命[2]。在后之侗，敬迓天威，嗣守文武大训，无敢昏逾[3]。今天降疾、殆，弗兴弗悟；尔尚明时朕言，用敬保元子钊，弘济于艰难。柔远能迩，安劝小大庶邦[4]。思夫人自乱于威仪，尔无以钊冒贡于非几[5]。"

注释

1　殷敬顺《列子释文》云："渐，剧也。"几，危也：义见《尔雅》。臻，当读为"蓁"；盛也。《参正》谓：弥留，言已将终而暂留也。《平议》谓：嗣，当作嗣；籀文辞字。审，详。

2　宣，显扬。重光，谓文武二王之光显功烈。奠，定。丽，法。陈，设。肆，劳。违，弃而去之。《便读》谓：达，挞也；击也。集，成就。大命，国运。

3　侗（tóng），僮也；犹言冲人孺子也：《便读》说。敬，谨。迓，迎。昏，读为"泯"，蔑也；轻忽也。参《牧誓》。于省吾谓：逾当读为"渝"，变也。

4　殆，危。兴，起。悟，犹言清醒。时，是；此。元子，太子。钊，康王名。弘，大也。济，渡过。《尚书故》谓：安，语词。劝，勉。庶，众。

5　夫人，人人。乱，治理；整饬。冒，触也：《参正》说。马郑王本，贡皆作赣。马氏云（见《释文》）："陷也。"非几，非法也：《尚书故》说。

译文

王说："唉！病太剧烈了，是很危险了。病一天一天地严重起来，已经到了临死前暂留人间的一刹那，恐怕（再迟一点）就不能发表遗嘱了，所以现在我详细地来训告你们。以往我们的君主文王、武王，曾显扬了双重的光辉，（他们）奠定法律宣布教化非常辛苦；虽然辛苦而还是不逃避责任，因而打倒了殷朝、成就了国运。到了后来幼稚无知的我，谨慎地来迎接老天的惩罚，继续遵守着文王、武王的伟大教训，没敢加以废弃和改变。现在老天降给我这场病，非常危险，也不能起来也不清醒了，你们要明白我的这些话，谨慎地保护太子钊，大大地渡过这艰难（的时期）。要安定远方像安定近处一样，勉励这些或小或大的众诸侯之国。我在想人人整饬自己的仪表态度，你们千万不要使钊触犯或陷入了不法的境地。"

兹既受命还，出缀衣于庭[1]。越翼日乙丑，王崩。

注释

1　出，撤出。缀衣，王座上所张设之帷帐：说见《正义》。

译文

（这些官员）既然接受了遗嘱退回去，便把王座上的帷帐撤到庭院中来。到了第二天乙丑，王就逝世了。

太保命仲桓、南宫毛，俾爰齐侯吕伋，以二干戈，虎贲百人，逆子钊于南门之外；延入翼室，恤宅宗[1]。丁卯，命作册度。越七日癸酉，伯相命士须材[2]。

注释

1　太保，谓召公。仲桓、南宫毛，二臣名。俾，使。爰，与援同义；引也。吕伋，齐太公子，即丁公。二干戈，桓、毛各执一干一戈。逆，迎。南门，宗庙之南门。《便读》谓：延，引也。翼室，在旁之室，谓左路寝。恤，忧。宅，居。宗，主。意谓王忧居为丧主。以上皆孙《疏》说。

2　作册，官名：参《雒诰》。度，谓制定丧仪之法则：参孙《疏》说。孙《疏》谓：伯相，相王室之二伯；盖谓召公及毕公。须，待；意谓备妥待用。材，物也；即下文礼器几席车辂戈钺之类：《尚书故》引金履祥说。

译文

太保就命令仲桓和南宫毛二人，使他们引导着齐侯吕伋，用了两副干戈和一百个卫队，在庙的南门外迎接太子钊，引着太子进入了左边的寝房，忧愁地住在那里做丧事的主人。到了丁卯这天，就命作册之官订定了丧礼的法则。又过了七天到了癸酉这天，辅佐王朝的二位大臣就命令官员们准备好发丧时要用的各种东西。

狄设黼扆、缀衣[1]。牖间南向，敷重篾席、黼纯；华玉仍几[2]。西序东向，敷重底席、缀纯，文贝仍几[3]。东序西向，敷重丰席、画纯，雕玉仍几[4]。西夹南向，敷重筍席、玄纷纯，漆仍几[5]。

注释

1　王国维《周书顾命考》（以下简称《顾命考》）云："以下记布几筵。"狄，即狄人，乐官之贱者。黼，黑白色之形花纹。扆（yǐ），置于天子座后者，形如屏风。

2　向，与向同。敷，布置。重，双层。篾席，竹皮所制之席。纯，边缘。华玉，五色玉。仍几，因仍生时所用之几。

3　序，堂东西两墙。西序，堂西墙。底席，致密之竹席。缀，杂彩色。文贝，贝之有花纹者。

4　丰席，刮光洗刷之竹席。画，谓绘为云气。雕玉，雕有花纹之玉。

5　夹，即夹室，在序后。筍（yún）席，析竹之青皮所制之席。玄纷纯，玄色丝绳饰席边。漆，髹漆。

译文

狄人陈设了饰有黑白色形花纹的屏风和一套帷帐。在门窗之间朝南，铺设着双层的篾席，这席是以黑白色的形花饰边；（另摆着一个）嵌着五色玉的矮几，这矮几乃是王生时所用的。靠西墙朝东，铺设着双层的底席，这席是杂彩色的边缘，（另有）嵌着花贝壳的矮几，这几也是王生时所用的。靠东墙朝西，铺设着双层的洗刷光滑的丰席，这席画着云彩形的花边，（另有）嵌着雕花玉的矮几，这几也是王生时所用的。在西边的夹室中朝南，铺设着双层的筍席，这席的边缘是用黑青色的丝绳连缀而成的，（另有）髹漆的矮几，这几仍旧是王生前所用的。

越玉五重：陈宝、赤刀，大训、弘璧，琬、琰，在西序；大玉、夷玉，天球、河图，在东序[1]。胤之舞衣，大贝、鼗鼓，在西房，兑之戈、和之弓、垂之竹矢，在东房[2]。大辂在宾阶面，缀辂在阼阶面，先辂在左塾之前，次辂在右塾之前[3]。

注释

1　王氏《顾命考》云："以下记陈宗器。"越，通粤，语词。王国维《陈宝说》以为：非一玉，故曰重。盖陈宝、赤刀为一重，大训、弘璧为一重，琬、琰为一重，大玉、夷玉为一重，天球、河图为一重，合为五重。陈宝，玉器名。《陈宝说》以为其质在玉石之间。赤刀，盖涂朱之玉刀。大训，盖玉上刻有先王训诫之辞者。弘璧，大璧。琬，圆顶圭。琰，尖顶圭。郑玄谓（见《正义》）：大玉，华山之球；夷玉，东北所产之美玉；天球，雍州所贡之玉如天色者；河图，疑自然成文之玉石，出于黄河者。

2　胤，及下文之兑、和、垂，皆人名：郑玄说（见《周礼·天府》疏）。胤之舞衣，胤所制之舞衣。大贝，大如车轮之贝：郑玄引《书传》说（见《周礼·天府》疏）。鼗，大鼓。房，室两旁之房。

3　辂，车。大辂，即玉辂；以玉为饰之车。宾阶，宾所升之阶，即西阶。面，前。缀辂，即金辂；以金为饰之车。阼阶，主人所升之阶，即东阶。先辂，即象辂；以象骨为饰之车。塾，门侧之堂。左塾之前，谓毕门内之西。先辂北向。次辂，即木辂；木质无饰之车。右塾之前，谓毕门内之东。次辂亦北向。

译文

（陈设的）玉器有五组：陈宝、赤刀，大训、大璧，琬、琰，陈设在西厢房；大玉、夷玉、天球、河图，陈设在东厢房。胤所作的舞衣，大贝壳、大鼓，陈设在西边房中，兑所作的戈、和所作的弓、垂所作的竹箭，陈设在东边房中。大辂车安放在宾客所用的台阶之前，缀辂车安放在主人所用的台阶之前，先辂车安放在左塾前面，次辂车安放在右塾前面。

二人雀弁执惠，立于毕门之内[1]；四人綦弁，执戈、上刃，夹两阶阰[2]；一人冕执刘，立于东堂[3]；一人冕执钺，立于西堂[4]；一人冕执戣，立于东垂[5]；一人冕执瞿，立于西垂[6]；一人冕执锐，立于侧阶[7]。

注释

1　《顾命考》云："以下记设兵卫。"弁，似冕而无藻旒之冠。雀弁，赤黑色之弁。此下凡言弁者，皆指士言。惠，斜刃宜芟刘之兵器。毕门，庙之内门；即祭门：《尚书故》引姚鼐说。

2　綦，青黑色。上刃，刃外向：蔡《传》说。夹，谓夹阶阰而立。阰，夹阶之斜石：本程瑶田说。

3　此下凡言冕者，皆指大夫言。刘，尖锐之斧。东堂，堂东侧。

4　钺，大斧。

5 毣（kuí），郑玄云（见《正义》）："三锋矛也"。垂，边；谓东西序之外旁。

6 瞿，亦三锋矛：郑玄说（见《正义》）。

7 锐，当作鈗，兵器名：说见成瓘所著《箸园日札》卷二。侧阶，东房后北向之阶。

译文

　　两个人戴着红黑色的弁，拿着惠（兵器），站在毕门里面；四个人戴着青黑色的弁，拿着戈，戈刃向外，夹着两个台阶的斜石站着；一个人戴着冕，拿着刘，站在堂的东边；一个人戴着冕，拿着钺，站在堂的西边；一个人戴着冕，拿着毣，站在东厢房的外边；一个人戴着冕，拿着瞿，站在西厢房的外边；还有一个人戴着冕，拿着鈗，站在东房后朝北的台阶上。

　　王麻冕黼裳，由宾阶隮[1]。卿士邦君，麻冕蚁裳，入即位[2]。太保、太史、太宗，皆麻冕彤裳[3]。太保承介圭，上宗奉同、瑁，由阼阶隮[4]。太史秉书，由宾阶隮，御王册命[5]。曰："皇后凭玉几，道扬末命，命汝嗣训，临君周邦，率循大卞，燮和天下，用答扬文武之光训[6]。"王再拜，兴。答曰："眇眇予末小子，其能而乱四方，以敬忌天威[7]？"乃受同、瑁，王三宿，三祭，三咤[8]。上宗曰："飨。"太保受同，降。盥，以异同，秉璋以酢[9]。授宗人同；拜，王答拜[10]。太保受同，祭、哜、宅[11]。授宗人同；拜，王答拜。太保降。收[12]。诸侯出庙门俟[13]。

注释

　　1 《顾命考》云："以下记册命事。"麻冕，以最细之布所做之冕。裳，下衣。黼裳，绣有 形花纹之裳。此非丧服，亦非纯吉之服。阼，与跻同；升也。由宾阶阼者，因康王尚未受册命，不敢以主人自居。

2　卿士，指公卿大夫言。邦君，诸侯。蚁裳，玄色裳。即位，各就其位。卿士等皆侍于中廷，故不言升阶：孙《疏》说。

3　太宗，即大宗伯；司礼之官。彤裳，绛色裳。此纯吉之服。

4　承，奉。介圭，大圭。上宗，即太宗。同，酒杯。瑁，杯盖。太保摄主（代理主人），故自阼阶升：《顾命考》说。

5　秉，持。书，册书；命辞之书于册者：《顾命考》说。御，迓也；迎也。

6　曰，谓册命之辞。皇，大。后，君。此指成王言。道，犹言也。扬，谓扬声。道扬，犹言称说。末，终。嗣训，嗣守其训也：《便读》说。率，用。循，遵循。卞，法。燮，和。答，对。答扬，谓遵从之而又显扬之。光，显。

7　兴，起。眇眇，微小。末，微末。其，岂也：《尚书故》引戴钧衡说。而，犹以也：《释词》说。乱，治。敬忌，犹言敬畏。以上为王答命书之词。

8　乃受同，谓王受同于太宗。盖太保献王酒，而由太宗授王。瑁，当为衍文。以上皆本《顾命考》说。宿，读为"肃"，进也：义见《尔雅》。此谓徐行而前。郑玄云（见《正义》）："却行曰咤。"

9　飨，饮食也；此劝王饮酒。受同，接受王飨酒之同。降，谓下堂（下堂反同于篚）。盥，洗手（谓太保洗手）。异同，另一杯。秉，持。璋，半圭；此指瓒（即同）柄而言。主人献酒于宾曰献，宾酌酒回敬主人曰酢。唯主人献尊者酒，则不敢受尊者之酢，乃酌以自酢；故此言太保酌酒自酢。以上本《顾命考》说。

10　宗人，佐大宗伯者。授宗人同，言太保以酢酒之同授予宗人。拜，谓拜王。

11　太保受同，谓接受宗人所予之同。哜（jì），尝也：义见《礼记·杂记》郑注。宅，咤之假。降，谓下堂。

12　收，撤去；谓撤去各种陈设。

13　诸侯，谓诸侯卿士等。侯，谓侯后命（伪古文本《顾命》止此）。

译文

王戴着麻冕、穿着绣有形花纹的下裳，从宾阶（西边的台阶）上来。卿士和各国的国君们，戴着麻冕、穿着青黑色的下裳，进入（庭院）就了各人的位次。太保、太史、大宗都戴着麻冕，穿着绛色的下裳。太保捧着大圭，上宗捧着酒杯、盖着杯盖，从主人的台阶走上来。太史拿着册命天子的书册，从宾阶（西边的台阶）走上来，迎着（康）王宣读册命的文辞。说："伟大的君主，倚靠着嵌着玉的几子，宣布他最后的遗嘱，命令你继承先王的训教，来做周国的君主；（你要）遵循着这伟大的法度，使天下的民众都与政府和洽，以报答发扬文王、武王那光显的教训。"王拜了又拜，然后起来。回答说："渺小的我、这微末的青年人，我怎能治理天下，来敬畏老天（可能给）的惩罚呢？"他于是接受了酒杯（准备用酒祭神），王前进了三次，祭了三次，退回来三次。上宗喊道："请王喝酒。"（王喝酒后）太保就把酒杯接过来，走下堂去。洗过手，用另外一个酒杯，自己斟了酒拿着杯柄喝了。（太保）把酒杯交给宗人，对王拜了一拜，王也就回了一拜。太保（又从宗人手中）接受了酒杯，就去祭祀、尝了酒，然后退回来。把酒杯给了宗人，拜了王，王再回了他一拜。太保就走下堂来。（这时）所有的陈设就都撤去了。

诸侯卿士们都走出了庙门等待着。

王出在应门之内[1]。太保率西方诸侯，入应门左；毕公率东方诸侯，入应门右。皆布乘黄朱[2]。宾称奉圭兼币，曰："一二臣卫，敢执壤奠[3]。"皆再拜稽首。王义嗣德，答拜[4]。太保暨芮伯，咸进，相揖，皆再拜稽首[5]。曰："敢敬告天子，皇天改大邦殷之命，惟周文武，诞受羑若，克恤西土[6]。惟新陟王，毕协赏罚，戡定厥功，用敷遗后人休[7]。今王敬之哉！张皇六师，无坏我高祖寡命[8]。"

注释

1 伪古文本，自此以下为《康王之诰》。出，出庙门：《尚书故》说。应门，即朝门；在路门之外。《尚书故》云："诸侯出庙，在应外；王出庙，在应门内。"盖庙与寝并列，寝庙间有闱门可以相通。以上行事在庙，以下行事在朝。

2 入应门左，谓立于朝之应门内西侧。布，陈列。乘（shèng），四马。黄朱，朱鬣之黄马。此皆诸侯所献。

3 宾，指诸侯言。称奉，犹言举献。圭，应从《说文》作介圭。币，谓玉、马、皮、帛等物。《尚书故》谓：壤奠，犹言土贡。

4 义，宜。义嗣德，谓康王宜嗣前人之德：蔡《传》说。

5 咸，皆。进，前进。相揖，二人对揖。皆再拜稽首，言二人拜王。

6 大邦，周初以之称殷。文武，文王武王。诞、若，皆语词。羑，牖之古字：说见《淮南子·氾论》篇注，义如诱导之牖。恤，忧虑。

7 天子崩曰陟。新陟王，指成王言。毕，尽。协，和；意谓得宜。戡，克；能。敷，溥。休，同庥；福祥。

8 张皇，张大。六师，六军。高祖，指文王言：孙《疏》说。寡，读为"宣"，显也：《尚书故》有说。马郑等本，自此以上为《顾命》。

译文

王走出庙，来到了朝堂的应门里边。太保领导着西方诸侯进入朝堂的应门左边；毕公领导着东方诸侯，进入朝堂的应门右边。他们都陈列着四匹红鬃的黄马。宾客们奉献了大圭和币帛等礼品，说："我们一两个王朝的护卫之臣，大胆地奉献一点土产。"都对王拜了又叩了头。由于王应当继承先王的美德（理当为王），因此就回拜了。太保及芮伯都走向前来，互相作了揖，于是都对王拜了两拜又叩了头。说："我们斗胆敬谨地报告天子，伟大的老天改革了殷这大国的命运，于是我们周的文王、武王，受了老天的诱导，能忧虑我们西方（周国）。而新崩的（成）王，对于赏罚都能公平恰当，能够安定了他们（文武）的功业，以至普遍地遗留下幸福给后代。现在你这君王要谨慎呀！要振兴国家的六军，不要毁坏了我们高祖光显的命令。"

王若曰："庶邦侯、甸、男、卫！惟予一人钊报诰[1]：昔君文武，丕平富，不务咎，厎至齐信，用昭明于天下[2]。则亦有熊罴之士、不二心之臣，保乂王家，用端命于上帝；皇天用训厥道，付畀四方。乃命建侯树屏，在我后之人[3]。今予一二伯父，尚胥暨顾，绥尔先公之臣服于先王[4]。虽尔身在外，乃心罔不在王室。用奉恤厥若，无遗鞠子羞[5]。"

注释

1　马郑诸本，自"王若曰"以下为《康王之诰》。报，答。

2　丕，语词。平，成也：义见《尔雅·释诂》。咎，过；意谓责罚。厎，致。齐，共同。

3　《平议》谓：端，始也。训，告教。厥，语词。四方，犹言天下。建侯，封建诸侯。树屏，树立屏藩。在，相顾在也：《述闻》说。

4　天子称同姓诸侯曰伯父。胥，相。暨，与。顾，顾念。绥，读为"绥"，继也：《述闻》说。

5　外，谓王畿之外。乃，汝。奉，行。恤，慎。厥，语词。若，善。鞠子，稚子；康王自谦之辞。

译文

王如此说："诸位侯、甸、男、卫之国（的君主们）！我个人钊来答复你们：以前的君主像文王、武王，能造成（民众的）富裕，不专意去责罚他们，以至于受到民众的共同信仰，因而（他们）能够昭明显著于天下。也是有熊罴似的武官，以及忠贞不贰的官员们，来保护国家，因而就开始接受了上帝所给的国运，伟大的上天因而告教我们大道理，就把天下给了我们。于是（先王）就命令封建诸侯、树立屏藩，来照顾我们这后来的人。现在我的一两位伯父们，希望你们照顾我，继承你们祖先臣服于先王（那样臣服于我）。虽然你们的身体都在外地，可是你们的心没有不在王朝的。（你们）要谨慎地实行美德，不要留给我这青年人羞辱（的事情）。"

群公既皆听命，相揖趋出。王释冕，反丧服[1]。

注释

1　释，解去。反，回复。

译文

诸侯既都听从了王的命令，互相作了一个揖，就快步走出去了。王于是脱下了冕服，回复了丧服。

费誓

　　费，或作鲜、肸、粊；地名，在今山东费县境。本篇乃鲁僖公将伐淮夷、誓师于费而作，故名《费誓》。《书序》及《史记·鲁世家》，皆谓本篇乃伯禽伐淮夷时之誓辞。由文体及史事证之，知其非是。说详余永梁《粊誓的时代考》，及杨氏《尚书核诂》。今按：以《鲁颂》《左传》，及曾伯簠考之，此事当在鲁僖公十六年十二月。

　　公曰："嗟！人无哗，听命！徂兹淮夷、徐戎并兴，善敹乃甲胄，敿乃干，无敢不吊[1]。备乃弓矢，锻乃戈矛，砺乃锋刃，无敢不善[2]。

注释

1　徂，即金文习见之虘或戲，语词：于省吾说。淮夷，淮水下游一带之夷人。徐戎，古徐州一带之戎人。兴，起；意谓作乱。敿（liáo），选择：义见《说文》。乃，汝。胄，首铠；即盔。敿（jiǎo），系。干，盾；挡箭牌。无，勿。吊，善。

2 锻，锻炼。砺，磨。

译文

（鲁僖）公说："唉！你们这些人不要吵闹，来听从我的命令！现在淮夷和徐戎通通起来作乱了，妥善地选择你们身上披的甲和头上戴的盔，用绳索把你们的挡箭牌系起来，不要做得不好。准备你们的弓箭，锻炼你们的戈和矛，把它们的锋刃磨好，不要做得不妥当。

"今惟淫舍牿牛马，杜乃擭，敜乃阱，无敢伤牿。牿之伤，汝则有常刑[1]。

注释

1 淫，大也：义见《尔雅》。舍，放置。牿（gù），牛马牢。杜，《说文》作敷，闭也。擭（huò），捕野兽之机械。敜（niè。《广韵》：奴协切），塞。阱，陷阱。无，勿。常刑，经常之刑。

译文

"现在要大大地把牢中的牛马放出来（到田野吃草），要关闭起你们捕兽的机械，堵塞了你们的陷阱，不要伤害了这些从牢中放出来的牛马。从牢中放出来的牛马若是被伤害了，那么你们就会经常受到刑罚。

"马牛其风，臣妾逋逃，无敢越逐；祗复之，我商赉汝[1]。乃越逐不复，汝则有常刑。

注释

1 郑玄谓（见《史记集解》）：风，走逸也。臣，男仆之贱者；妾，女仆之贱者。逋，逃。无，勿。越，逾；谓离其部伍。逐，追赶。复，白；报告：《尚书故》说。商，《便读》训为赏。赉，赐。

译文

"若是马和牛走失了，男女奴隶逃跑了，你们不要离开岗位去追赶他们，只要来报告这事（就好了），我就会赏赐你们。假若你们离开岗位去追赶而不报告的话，你们就会受到经常的刑罚。

"无敢寇攘[1]：逾垣墙，窃马牛，诱臣妾，汝则有常刑。

注释

1 寇，劫掠。攘，因其来而窃之；即俗所谓顺手牵羊。

译文

"你们不要抢劫或顺手偷窃：像越过了人家的墙壁，偷窃人家的马和牛，引诱人家的男女奴隶，那就有经常的刑罚加在你们身上。

"甲戌，我惟征徐戎。峙乃糗粮，无敢不逮；汝则有大刑[1]。

1 以历法推之，甲戌当为鲁僖公十六年十二月二日。孙《疏》谓：峙，当作峙；具也。糇，煮熟后并经暴干之米麦，以为旅行时之食物。粮，出行所携之粮。不逮，意谓不能及时供应。

译文

"甲戌这天，我要征伐徐戎。要准备你们出行用的干粮，要及时准备好，（如果不及时准备好，）那就有严重的刑罚加在你们身上。

"鲁人三郊三遂，峙乃桢榦；甲戌，我惟筑¹。无敢不供；汝则有无余刑，非杀²。

注释

1 邑外谓之郊：义见《尔雅》。远郊之外曰遂：义见《礼记·王制》郑注。三郊三遂，当指鲁东西南三面之郊遂言；鲁北地远故不供。峙，见前。桢榦，皆筑墙所用木板；桢在两端，榦在两边。筑，谓修筑壁垒。

2 供，供给。无余刑、非杀，谓除杀之外，无不用之刑也：《尚书故》引金履祥说。

译文

"在鲁国三方面近郊和远郊的人们，准备好你们筑墙用的木板，甲戌这天，我就要修筑堡垒了。要供给这些东西，（如果不供给，）除被杀之外，你们就会受到所有的刑罚。

“鲁人三郊三遂，峙乃刍茭[1]，无敢不多；汝则有大刑。”

注释

1　刍，刈草。茭，干刍。二者皆牛马之饲料。

译文

“在鲁国三方面近郊和远郊的人们，准备好你们刚割下的草和干草，（数量）要丰富，（如果不丰富，）那就有严重的刑罚加给你们。”

吕刑

　　吕，他书或作甫（《便读》云：“吕甫同音通字。”）；国名，故地在今河南南阳县西。旧谓本篇为周穆王诰吕侯之辞。郑玄谓甫（吕）侯为穆王相，伪孔《传》则谓吕侯为穆王司寇，两说均未详所本。傅孟真先生疑本篇为吕王之书（见所著《中国古代文学史》）；钱穆先生则谓此为晚出之书（见所著《周官著作时代考》），二说均甚有理致。唯二说皆尚有待于论定，兹姑仍旧说。

惟吕命[1]。王享国百年，耄荒；度作刑以诘四方[2]。

注释

1　惟吕命，谓王命吕侯。

2 享国，谓在位。参《无逸》注。此指周享国言，谓周兴以来至穆王已百年也：《尚书故》说。耄，老。荒，亦耄老也：义见《礼记·乐记》郑注。度，谓度量时宜。诘，犹禁也：义见《周礼·天官冢宰》郑注。

译文

（现在）命令吕侯。君王（继续着先王）享有国运已经一百年，王老了；就斟酌着（情势）制作刑法来禁止天下（不守法的人）。

王曰："若古有训，蚩尤惟始作乱，延及于平民；罔不寇贼，鸱义奸宄，夺攘矫虔[1]。苗民弗用灵，制以刑，惟作五虐之刑曰法，杀戮无辜[2]。爰始淫为劓、刵、椓、黥，越兹丽刑并制，罔差有辞[3]。

注释

1 若，与越通；语词。训，教训。蚩尤，相传乃黄帝所戮之九黎国君。延及，牵连及之。平民，一般民众。鸱，轻也：马融说（见《释文》）；谓怠慢无礼。义，读为"俄"，邪也：《述闻》说。矫虔，谓挠扰：郑玄说（见《周礼·司刑》疏引）。

2 苗民，郑玄谓九黎之君（见《正义》）；君，疑民之误。灵，《礼记·缁衣》引作命。按：灵，古与令通。令，古与命通。弗用灵，谓不听命。制，管制之。五虐之刑，意谓严峻之刑法。曰，与越通，与也：《核诂》说。

3 淫，过。劓，割鼻。刵，截耳。椓，宫刑。黥，墨刑。越，语词。丽，刑法。制，管制。差，择。有辞，谓有罪状者。

译文

王说:"古代有这样的教训,蚩尤开始作乱,牵连到一般民众;没有人不攻击别人、杀害别人,傲慢、邪恶、作乱,以致抢夺偷窃纷扰不安。九黎的苗民不服从政府的命令,(蚩尤)就用刑罚来管制他们,作了五种严厉的刑罚与法律,来屠杀无罪的人。于是他开始过度地制定了劓刑、刵刑、官刑、墨刑,用这些刑罚管制人民,他并不选择有罪的人(而加以惩罚)。

"民兴胥渐,泯泯棼棼,罔中于信,以覆诅盟[1]。虐威庶戮,方告无辜于上[2]。上帝监民,罔有馨香德,刑发闻惟腥。皇帝哀矜庶戮之不辜,报虐以威,遏绝苗民,无世在下[3]。乃命重黎,绝地天通,罔有降格[4]。群后之逮在下,明明棐常,鳏寡无盖[5]。皇帝清问下民,鳏寡有辞于苗。德威惟畏,德明惟明[6]。

注释

1 民,指苗民言。兴,起。胥,相。渐,犹诈也:孙《疏》说。泯泯棼棼,纷乱貌。中,犹合也。覆,反;背。诅,祷于神灵。

2 威,惩罚。庶戮,众受戮者。孙《疏》谓:方,与旁通;溥也。上,谓上天。

3 监,视。民,指苗民言。馨香德,意谓美德善行。发,举;升。皇帝,谓上帝。哀矜,怜悯。不辜,无罪。报虐以威,谓用惩罚报复暴虐者。遏,《便读》读为"竭";尽也。世,嗣也:义见《国语·晋语》注。下,谓人间。

4 重、黎,二人名,相传为颛顼时分司天地之官。降格,神降临。

5　群后，众诸侯。逮，待遇。在下，谓民众。明明，黾勉。棐，与非通；《墨子·尚贤中》引作不。盖，《便读》读为"害"。

6　清，明审也：义见《荀子》杨注。此下民，指苗民以外之民众而言。《墨子·尚贤中》引此节，"皇帝清问"以下十二字，在"罔有降格"之下；"群后"以下十四字，在"有辞于苗"之下。德威，谓行为残暴。畏，与威通；惩罚。德明，谓行为光明。惟明之明，显扬也。

译文

"于是苗民都起来互相欺诈，纷纷扰扰，没有合乎诚信之道的，以至于背叛了在神前祷告所订立的盟约。蚩尤残暴地惩罚受杀害的民众，人们都报告上天声明他们没有罪过（而受到惩罚）。上帝看了这些苗民，都没有芳香的美德，而（蚩尤的）刑罚气味上升（被天）所闻到的只是腥气。伟大的上帝怜悯这些无罪被杀害的民众，于是他来惩罚残暴的人，便绝灭了苗人（指苗民的君主言），使他们在人间没有后代。于是命令重和黎二人，断绝人间和天上的交通，天神就不再降临。因而众诸侯待遇百姓，就非常勉力，以致孤苦无依的人也没有灾害了。伟大的上帝问百姓，孤苦无依的人都认为苗人有罪。（上帝）于是对行为残酷的就加以惩罚，对行为光明的就加以显扬。

"乃命三后，恤功于民：伯夷降典，折民惟刑；禹平水土，主名山川；稷降播种，农殖嘉谷。三后成功，惟殷于民[1]。士制百姓于刑之中，以教祗德[2]。穆穆在上，明明在下，灼于四方，罔不惟德之勤。故乃明于刑之中，率乂于民棐彝[3]。典狱非讫于威，惟讫于富。敬忌，罔有择言在身[4]。惟克天德，自作元命，配享在下⁵。"

注释

1　三后，谓伯夷、禹及稷。恤，慎。功，事功。降，谓发布。典，法。折，制；裁判。主名山川，谓主管为山川命名之事。稷，后稷。殖，种。嘉，美。殷，正。《便读》谓：此言使民正而不邪。

2　士，官名；司讼狱。制，裁判。百姓，民众。中，适当；意谓公正。祗，敬谨。

3　穆穆，美好。在上，指君长言。明明，黾勉。在下，指臣民言。灼，明著。之，是。勤，奋勉。明，勉。率，用。乂，治。棐彝，谓非法者。

4　典，掌管。讫，竟也；终也：《述闻》说。按：意谓最后之目的。威，惩罚。富，《述闻》读为"福"。敬忌，敬畏。择，读为"斁"，败也：《述闻》说。

5　惟，犹乃也。克，肩也：义见《说文》。按：即负荷意。作，成就。元命，大命；意谓王业。配享，谓配合天命而享有天下。下，指人间言。

译文

"于是命令三位君主，慎重于治民的事业：伯夷发布了法典，判断民众（的案件）就依照刑法；禹平定了水土，主管为山川取名的任务；后稷发布下播种（的方法），农民都种植了优良的谷物。三后成功之后，民众就都正直不邪了。狱官们判决犯人能用公正的刑罚，用以教导百姓谨慎于德行，于是在上的君主就能穆然美好，在下的官员和民众们都能非常奋勉。因而功业显著在天下，没有不奋勉地遵守美德的。所以他们都能勉力地使刑罚做得公正，用以治理那些不守法的民众。掌管审判的最终目的，并不是为了惩罚民众，而是造福民众。要敬畏（天命），没有不合理的话语从自己本身发出。只是负荷着老天的美德（依照天意），自己造就了伟大的命运，配合天意而在人间享有国运。"

王曰："嗟！四方司政典狱。非尔惟作天牧？今尔何监，非时伯夷播刑之迪¹？其今尔何惩？惟时苗民，匪察于狱之丽；罔择吉人，观于五刑之中；惟时庶威夺货，断制五刑，以乱无辜²。上帝不蠲，降咎于苗；苗民无辞于罚，乃绝厥世³。"

注释

1　司，管理。典，主持。天牧，为天治理民众者；此指诸侯言。监，意谓取法。时，是。播，传布。迪，道。

2　惩，戒。丽，法。吉人，善人。观，谛视也：义见《说文》。五刑，见后文。中，适当；公正。庶威，众威虐者。夺货，掠夺财物者。

3　蠲，犹赦也：《尚书故》说。无辞于罚，意谓罪有应得，无辞以自解。

译文

王说："唉！你们四方管理政治的人和主持刑狱的官员们。不是替老天管理民众的吗？现在你们要何所取法呢？那不就是伯夷所传布下来的刑法的道理吗？现在你们要以什么作为惩戒呢？就是这些苗民（指苗民之君言），不能详察于判案子的刑法；不能选择善良的人，（让他们）仔细观察五刑的适当办法；他们只是（任用）一些暴虐的人以及掠夺财物的人，照着五刑去审判案子，因而扰乱了无罪的人。上帝不能再赦免他们了，就降下了灾殃给苗民（苗民之君）；苗民对上帝的惩罚也无话可说，所以就断绝了他们的后代。"

王曰："呜呼！念之哉！伯父、伯兄、仲叔季弟、幼子、童孙，皆听朕言，庶有格命[1]。今尔罔不由慰日勤，尔罔或戒不勤[2]。天齐于民，俾我一日；非终惟终，在人[3]。尔尚敬逆天命，以奉我一人。虽畏勿畏，虽休勿休；惟敬五刑，以成三德[4]。一人有庆，兆民赖之，其宁惟永[5]。"

注释

1 格命，谓神降临而命令之。

2 由，用。慰，勉。日，《释文》云："一音曰。"按：曰，与聿通，语词。勤，奋勉。戒，读为"诫"；劝勉。

3 齐，资之假；助也。俾，一作假，给予。非终惟终，谓不当终而终。

4 逆，迎。休，喜。敬，谨慎。三德，其义未详；似非《洪范》之刚、柔、正直三德。

5 庆，福祥。宁，安。惟，犹乃也。

译文

王说："唉！你们要考虑考虑呀！伯父、伯兄、仲叔季弟、年轻的儿子、幼稚的孙子，你们这些人都要听从我的话，那么，神灵才可能降临而命令我们。现在你们没有不互相勉励着奋勉（做事）的，你们没有人鼓励着不奋勉的。老天扶助百姓，给了我们一个时间，国运若还不应终了时而竟然终了了，这完全在于人为（的因素）。你们可要谨慎地迎接天的命令，来拥护我个人。虽然遇到可怕的事你们也不要害怕，虽然遇到可喜的事你们也不要喜悦，只是谨慎于五刑，用以成就了三种美德。天子一个人若有幸福，天下所有的人都靠着他（而有了幸福），那么，国家的安宁就可以长久了。"

王曰："吁！来！有邦有土，告尔祥刑[1]。在今尔安百姓，何择、非人？何敬、非刑？何度、非及[2]？两造具备，师听五辞；五辞简孚，正于五刑；五刑不简，正于五罚；五罚不服，正于五过；五过之疵，惟官、惟反、惟内、惟货、惟来，其罪惟钧，其审克之[3]。五刑之疑有赦，五罚之疑有赦，其审克之[4]。简孚有众，惟貌有稽；无简不听，具严天威[5]。

注释

1　有邦有土，指诸侯言。祥，善。

2　安，安定。人，谓官吏。敬，谨慎。度，犹谋也。及，《史记》作宜。

3　造，一作遭。两造，犹言两曹：《尚书故》引钱大昕说。《说文》段注，谓两曹，即原告被告。具，俱。师，士师；即狱官。五辞，五刑之辞。《便读》谓：辞，即俗所谓口供。简，核。《尚书故》谓：孚，验也。正，定也：《便读》说。不简，意谓不能核实。五罚，谓五等罚金。五过，审判者之五种过失；即下文所言者。疵，病。官，谓挟威势。反，谓报恩怨。货，谓行贿。来，谓请托。以上皆孙《疏》说。内，女谒：《便读》说（即私下拜见）。钧，等。克，《汉书·刑法志》引作核。

4　疑，谓有可疑处。

5　貌，《史记》作讯。有稽之有，以也。听，受理。具，共。严，谨。天威，天之惩罚。

译文

王说："唉！过来！你们这些有国家有土地的人，（我来）告诉你们良善的刑法。现在你们来安定民众，要选择什么呢，不是（好的）官员吗？要谨慎什么呢，不是刑法吗？要计划什么呢，不是适宜（的事情）吗？原告和被告两方都齐全了，法官依照五刑来审问口供；（合乎）五刑的口供都考核证实了，就按照五等刑法来定罪；如果依照五刑所定的罪并不能核实，那就按照五等罚金的法律来处罚罪犯；如果依照五罚所定的罪还不能使罪犯心服，那就要从（官员的）五种过失方面去定罪；五种过失的毛病，就是倚仗官的权势、报复恩怨、走内线、行贿赂、拜托，这五种过失的罪是相等的，可要仔细考核它呀。依照五刑所判的罪如有可疑的则有赦免的办法，依照五罚办法所判的罪如有可疑的也有赦免的办法，可要仔细地考核清楚。要核验罪犯，只有用审问的方法来考核；假如没办法可以核实，那就不受理这案子，（我们）要共同谨慎于老天的惩罚。

"墨辟疑赦，其罚百锾，阅实其罪[1]。劓辟疑赦，其罚惟倍，阅实其罪[2]。剕辟疑赦，其罚倍差，阅实其罪[3]。宫辟疑赦，其罚六百锾，阅实其罪[4]。大辟疑赦，其罚千锾，阅实其罪[5]。墨罚之属千，劓罚之属千，剕罚之属五百，宫罚之属三百，大辟之罚，其属二百，五刑之属三千[6]。

注释

1 墨，黥。辟，罪。疑赦，谓其罪有可疑时，则赦其肉刑，而易之以罚。锾（huán），古圆形货币（王献唐先生《〈汉书·食货志〉订议》说），通用于周代。阅实，犹言核实。

2 惟倍，谓倍于墨罚。

3 剕，刖足。倍差，谓不及劓罚之倍；意谓三百锾。

4 宫刑：男子割势，女子幽闭宫中。六百，《史记》一本作五百。

5 大辟，死刑。

6 墨罚之属千，意谓应判墨罚之罪者，其类凡千种。

译文

"犯了墨刑之罪而有可疑时，就赦免他，而罚款一百个钱，但是要核实他的罪过。犯了劓刑之罪而有可疑时，就赦免他，那罚款比墨罚要加倍，也要核实他的罪过。犯了剕刑之罪而有可疑时，就赦免他，那罚款比劓罚要加一倍还差些，也要核实他的罪过。犯了宫刑之罪而有可疑时，就赦免他，那罚款是六百个铜钱，也要核实他的罪过。犯了死刑之罪而有可疑时，也赦免他，那罚款是一千个铜钱，也要核实他的罪过。墨罚的种类共有一千条，劓罚的种类也有一千条，剕罚的种类有五百条，宫罚的种类有三百条，死刑罚款的种类有二百条，总计五刑的种类共有三千条。

"上下比罪，勿僭乱辞，勿用不行；惟察惟法，其审克之[1]。上刑适轻下服，下刑适重上服，轻重诸罚有权[2]。刑罚世轻世重，惟齐非齐，有伦有要。罚惩非死，人极于病[3]。非佞折狱，惟良折狱，罔非在中[4]。察辞于差，非从惟从。哀敬折狱，明启刑书胥占，咸庶中正[5]。其刑其罚，其审克之。狱成而孚，输而孚；其刑上备，有并两刑[6]。"

注释

1 比，例也。罪无正律则以上下为比例：《大义》说。僭，差。辞，谓囚犯口供及审判之辞。孙《疏》谓：不行，指已废之法言。察，详审。法，谓依法律。

2 上刑，谓重刑。适，宜。下服，谓服减等之刑。上服，谓服加等之刑。权，衡量。

3 世，《后汉书·应劭传》引作时。伦，理。要，犹中也：《便读》说。中，谓中正。极，困阨（厄）。

4 佞，谓佞人。折狱，审判。良，谓善人。中，公正。

5 孙《疏》谓：差，不齐一也。从，服从。惟，乃。哀敬，即哀矜。启，打开。胥，相。占，揣度。咸，皆。庶，庶几。

6 成，定。孚，谓得其实情。输，《述闻》读为"渝"，变也；谓改变原判。上备，谓列具文书奏上。有并两刑，意谓二罪以上，并科一刑。本孙《疏》说。

译文

"（如遇法律上没有明文规定的罪，）就照着上下的比例来定罪，不要使犯人的口供及判词错乱了，不要用已经不通行的法律；审判时要仔细审查要依照法理，要仔细考核清楚。假若判了重刑而宜于减轻一点，那就减轻他的刑罚；假若判了轻刑而宜于加重一点，那就加重他的刑罚；刑罚的轻重，都要加以衡量。

刑罚有时轻有时重，只是为了使不整齐（不合法）的人趋向于整齐。（审判）一定要有道理而且公正。惩罚虽然不是置犯人于死地，但是受刑的人都会为痛苦所困陋。不要用谄佞的人审判案子，只要用善良的人审判案子，目的无非在于求得到公正。要详细地考察口供的不一致，那么，不服从的人才会服从。要怀着怜悯的心情去审判案子，要明白地打开刑书来斟酌（条文），那么，几乎所判的案子都可以得到公正的判决了。对于刑或罚，要考核清楚。案子要判定必须得到实情，如要改变判决，也要得到实情；判定了刑罚要把案情报告朝廷，有时要把两种罪刑合并为一种刑罚来执行。"

王曰："呜呼！敬之哉！官伯族姓[1]。朕言多惧。朕敬于刑，有德惟刑[2]。今天相民，作配在下，明清于单辞[3]。民之乱，罔不中听狱之两辞；无或私家于狱之两辞[4]。狱货非宝，惟府辜功，报以庶尤[5]。永畏惟罚；非天不中，惟人在命。天罚不极庶民，罔有令政在于天下[6]。"

注释

1　官伯，刑官之长；族姓，同姓之臣：《便读》说。

2　敬，谨。有德，谓有德者。惟，犹乃。惟刑，谓乃能主持刑罚。

3　相，助。作配，谓配合天意。下，谓人间。清，明审。单辞，一面之词。

4　乱，治。中听，以中正之态度听之。两辞，双方之辞。无，勿。家，当作圂。因金文"家""圂"二字形近而误。圂，乱也。

5　狱货，讯狱时所受之财物。非宝，意谓不足贵。府，取也：义见《广雅》。辜功，犯罪之事。报，报复。庶尤，众怨。

6 畏，敬畏。罚，刑罚。中，公正。在，察。命，谓天命。极，至。令，善。

译文

王说："唉！要谨慎呀！众刑官和同姓的官员们。我所说的话多半是恐惧之言。我是慎重刑罚的，只有有德行的人才能主持刑罚。现在老天扶助民众，我们在人间要配合上帝的意旨，要明晰单方面的口供。人民之所以能平安，没有不是由于（审判官）公正地听取讼案两方面的口供的，可不要私自混乱了讼案两方面的口供。审判案子时所受的贿赂不是可贵的，那只是取得犯罪的事，所得的报复是众人的怨恨。永远可敬畏的事就是刑罚，并非老天不公正，只是人们应察看老天的命令。天定的刑罚若不能到达（加在）民众身上，就没有优良的政治在天下了。"

王曰："呜呼！嗣孙。今往何监、非德[1]？于民之中，尚明听之哉[2]！哲人惟刑，无疆之辞，属于五极，咸中、有庆[3]。受王嘉师，监于兹祥刑[4]。"

注释

1 嗣孙，谓诸侯继嗣之孙；此指吕侯言。今往，自今以往。

2 中，案情：义见《周礼》"小司寇之职"。尚，庶几。听，谓听狱。

3 无疆，无穷。属，犹合也：义见《礼记·经解》注。极，中正。《述闻》谓：五极，谓五刑之中也。庆，福祥。

4 嘉，善。师，众；指众民言。监，视。祥，善。

王说："唉！你这继承先公的孙子。从今以后你取法于什么，难道不是美德吗？因此对于民众的案件，你要明明白白地审判呀！只有明智的人才能主持刑法，审判无穷无尽的口供，要合乎五刑的公正之道，如果都能公正，那就有幸福了。（你）接受了王朝的善良民众，要正视这良善的刑法。"

文侯之命

幽王被弑于骊山之下，晋文侯、郑武公助平王平定乱事，平王因得即位于东都。此平王念晋文侯之功，而锡命之之辞也。《史记》以本篇为周襄王锡晋文公之辞，误。说见拙著《〈尚书·文侯之命〉著成的时代》一文。

王若曰："父义和[1]！丕显文武，克慎明德，昭升于上，敷闻在下；惟时上帝集厥命于文王[2]。亦惟先正，克左右昭事厥辟；越小大谋猷，罔不率从。肆先祖怀在位[3]。

注释

1 王，周平王。父，谓父辈也；天子称同姓诸侯如此。义和，晋文侯名仇，字义和。

2 文武，文王、武王。敷，溥。下，谓人间。惟时，于是。集，降落。

3 先正，谓先王之诸臣。左右，与佐佑同义，即辅佐。昭，相导。辟，君。越，与粤通，发语词。猷，谋。率从，遵从。肆，故。怀，安。

译文

王如此说："义和尊长！显赫的文王和武王，都能谨慎于光明的美德，（他们的美德）明显地升到天上，广泛地被人间所闻知，于是上帝就把国运降落在文王身上。也因为过去的官长们，都能辅佐、相导、侍奉他们的君王，凡是（君王的）大小计划，（他们）没有不遵从的，所以先祖们能安然地在君王的职位。

"呜呼！闵予小子嗣，造天丕愆；殄资泽于下民，侵戎，我国家纯[1]。即我御事，罔或耆寿俊在厥服，予则罔克[2]。曰惟祖惟父，其伊恤朕躬。呜呼！有绩，予一人永绥在位[3]。

注释

1 闵，犹言可怜。嗣，谓继承王位。造，遭。丕，语词。愆，罪。殄，绝。资，财。泽，禄；亦谓财产。下民，民众。侵戎，为犬戎所侵。纯，与屯通，困难。

2 即，今。耆寿，谓老成人。俊，当读为金文习见之"畯"；语词。服，职位。克，胜；意谓成功。

3 曰，与聿通；语词。祖、父，皆指同姓诸侯言。伊，维。恤，忧。绩，功。绥，安。

译文

"唉！可怜我这青年人继承了先王的帝业，就遭逢了老天所给的罪过。民众的财产通通没有了，又被犬戎侵略，我们国家遭到了困难。现在我们的官员们，（如果）没有老成人守着他们的岗位，我就不能担负起（这个任务）。因此祖父父辈们，（你们）要忧虑我本人。唉！你们有了功劳，我个人才能永远安然地在天子的职位。

"父义和！汝克昭乃显祖；汝肇刑文武，用会绍乃辟，追孝于前文人[1]。汝多修，扞我于艰；若汝，予嘉[2]。"

注释

1　昭，同绍：《尚书故》说。绍，继也。乃，汝。肇，语词。刑，法。《尚书故》谓：会，期。绍，昭；显。乃，汝。辟，君。追，补也。已亡故之祖先，不克面尽孝道，故曰追孝。前文人，祖先。

2　战功曰多。修，美。扞，卫。艰，谓艰难之际。嘉，美。

译文

"义和尊长！你能够继承你那显赫的祖先；你能效法文王、武王，期望显扬你的君主，追补孝道于你的祖先。你的战功很好，在我困难的时期来保卫我；像你这样的人，是我所赞美的。"

王曰："父义和！其归视尔师，宁尔邦[1]。用赍尔秬鬯一卣；彤弓一，彤矢百；卢弓一，卢矢百；马四匹[2]。父往哉！柔远能迩，惠康小民，无荒宁，简恤尔都，用成尔显德[3]。"

注释

1　视，意谓照顾。师，指民众言。宁，安定。

2 赍，赏赐。秬鬯一卣，参《雒诰》注。彤，赤色。天子以弓矢赐有大功之诸侯，使专征伐。卢，黑色。金文及他书卢字或作旅，或作玈。僖公二十八年《左传》所载周襄王赐晋文公之物，与本篇所载者不同；即此亦可知本篇非襄王命晋文公之书。

3 柔远能迩，参《尧典》注。惠，爱。康，安。《逸周书·谥法》篇："壹德不解（懈）曰简。"恤，忧念；顾虑。尔都，意谓晋国。显德，光显之德。

译文

王说："义和尊长！你要回去照顾你的民众，安定你的国家。我来赏赐你黑黍酒一壶；红色弓一支，红色箭一百支；黑色弓一支，黑色箭一百支，以及四匹马。去吧长辈！要使远方和近处一样安定，要爱护安定小百姓，不要过度享乐，一心一意地顾虑着你的国家，来成就你那光明显耀的德行。"

秦誓

秦穆公三十三年，命孟明视、西乞术、白乙丙伐郑；蹇叔谏，不听。因郑人有备，秦师未至郑，灭滑而还。师归至崤，为晋襄公所败。事见僖公三十二及三十三年《左传》。本篇乃因殽之役，秦穆公悔恨之誓辞也。

公曰："嗟！我士！听无哗！予誓告汝群言之首[1]。

注释

1 公，秦穆公。士，谓臣。首，本也：义见《礼记·曾子问》郑注。犹今语所谓要旨、要点。

译文

公说："唉！我的官员们！你们听着，不要喧哗！我现在来告诉你们许多话的要点。

"古人有言曰：'民讫自若是多盘。责人斯无难；惟受责俾如流，是惟艰哉¹。'我心之忧：日月逾迈，若弗云来²。惟古之谋人，则曰未就予忌；惟今之谋人，姑将以为亲³。虽则云然，尚猷询兹黄发，则罔所愆⁴。番番良士，旅力既愆，我尚有之⁵。仡仡勇夫，射御不违，我尚不欲。惟截截善谝言，俾君子易辞，我皇多有之⁶！

注释

1 《正义》谓：讫，尽也。盘，乐。俾，使。

2 逾，过。迈，行。若，乃也：义见《小尔雅》。云，语词。

3 就，接近。《骈枝》谓：忌，语词。姑将，姑且。

4 猷，与犹通。黄发，老者。愆，过失。

5 番，孙《疏》读为"皤"；云：皤皤，老人白发貌。旅，读为"膂"。"有之"之有，亲也：《述闻》有说。

6 仡（yì）仡，勇壮貌。违，失；差错。截截，《公羊传》引作咨咨；巧言貌。谝，巧言。君子，指君主言。易辞，《公羊传》引作易怠；轻惰也。皇，暇。

译文

"古人有句话说：'人们都是自己这样地多多享乐。斥责别人没有什么困难；可是受人指责而自己能像流水一般（顺畅地接受），就困难了。'我心中的忧愁，是日子一天天地过去了，再也不会回来。古代有谋略的人，就不能接近我了；对于现今的谋士，姑且将他们当作亲近的人。虽如此说，我尚且要询问那老年人，就不会有过错了。白发皤皤的优良之士，他的体力已经差了，我尚且亲近他。那英勇强壮的武人，射箭和驾车的技术都不错，我尚且不喜欢他们。像诶诶然善于花言巧语的人，使君主怠慢松懈，我哪里有工夫多多亲近他们呢！

"昧昧我思之：如有一介臣，断断猗，无他技；其心休休焉，其如有容[1]。人之有技，若己有之；人之彦圣，其心好之，不啻如自其口出：是能容之。以保我子孙黎民，亦职有利哉[2]。人之有技，冒疾以恶之；人之彦圣，而违之，俾不达：是不能容。以不能保我子孙黎民，亦曰殆哉[3]。

注释

1 昧昧，犹默默也：《便读》说。介，《大学》引作个。介，即个也：孙《疏》有说。断断，诚笃专一貌。猗，与兮通；语词。《大学》引作兮。休休，宽容貌。如，犹乃也：《释词》说。

2 彦，美士；犹贤也。圣，明哲。不啻，不但。是，实。亦，语词，无承上启下之义。职，犹实也。

3　冒，与媢通，妒也。疾，嫉。违，戾；意谓牵制。俾，使。达，显。殆，危。

译文

"我默默地在想：假如有一个官员，非常诚实专一（忠贞），而没有其他的技能；他的胸怀宽大，能够容人。别人若有技能，就好像他自己具有能力一般；别人若贤良明智，他由衷地喜爱他，不但是像他口中所说的那样，而是能真诚地宽容他。（这种人）用来保护我的子孙民众，那实在是有利啊。别人若有才能，他就妒忌他、讨厌他；别人若贤良明智，他就牵制他、使他不能显达，（这种人）实在不能宽容人。用这种人就不能保护我的子孙民众，那就危险了。

"邦之杌陧，曰由一人；邦之荣怀，亦尚一人之庆[1]。"

注释

1　杌（wù）陧（niè），不安。一人，穆公自谓。《国语·晋语》韦注谓：荣，乐也。怀，安。尚，庶几。庆，幸福。

译文

"国家若危险不安，是由于我个人（的关系）；国家若繁荣安宁，那几乎是我个人的幸福。"

附　录

书序

　　昔在帝尧，聪明文思，光宅天下[1]。将逊于位[2]，让于虞舜，作《尧典》[3]。

注释

　　1　按：光，广也。宅，读为"度"。光宅天下，谓广度天下之事。
　　2　逊，退。
　　3　本篇今存。

　　虞舜侧微[1]，尧闻之聪明，将使嗣位，历试诸难。作《舜典》[2]。

注释

　　1　侧，伏也；意谓隐伏民间。微，贱也：义见《玉篇》。
　　2　历，数也；屡也。《舜典》原本已佚；伪孔本割《尧典》"慎徽五典"以下，谓之《舜典》；并于"慎徽五典"上，杜撰"曰若稽古帝舜"等二十八字。

帝厘下土方，设居方[1]，别生分类[2]。作《汩作》、《九共》九篇、《稾饫》[3]。

注释

1　厘，赐也；理也：马融说（见《正义》）。一读"帝厘下土"绝句。按：《诗·长发》云："禹敷下土方。"《书序》盖因此语为之，应以"下土方"绝句。帝，盖谓上帝；下土方，民间之国也。设居方，谓设施可居之处。

2　生，姓。别生分类，言分别其族类而治之：伪孔《传》说。

3　《汩作》《九共》《稾饫》三篇，今皆失传。

皋陶矢厥谟，禹成厥功，帝舜申之[1]。作《大禹》《皋陶谟》《益稷》[2]。

注释

1　矢，陈也：义见《尔雅·释诂》。申，重也（义亦见《释诂》）；言重申二子之谋。以上本伪孔《传》说。

2　《大禹谟》，已佚。见于伪孔本者，乃后人伪作。《皋陶谟》，今存。《益稷》，马郑本作《弃稷》；原文已佚。伪孔本分《皋陶谟》"帝曰来禹"以下，谓之《益稷》，非是。

禹别九州，随山浚川[1]。任土作贡[2]。

注释

1　随山，谓随山刊木；浚川，谓疏导河流。

2　任土，《正义》引郑玄云："谓定其肥硗之所生。"任土作贡下，段玉裁疑当有"作禹贡"三字。《禹贡》，今存。

启与有扈战于甘之野，作《甘誓》。

注释

《甘誓》，今存。

太康失邦，昆弟五人，须于洛汭[1]。作《五子之歌》[2]。

注释

1　太康，启子。须，止也：马融说（见《正义》）。
2　《五子之歌》，原文已佚，今本乃伪作。

羲和湎淫，废时乱日[1]；胤往征之，作《胤征》[2]。

注释

1　羲和，羲氏和氏；相传二氏世为日官。湎，饮酒过度。淫，荒淫。时，四时。日，日之干支。
2　胤，郑玄以为臣名（见《史记集解》）；伪孔《传》以为国名。征，征伐。本篇原文已佚；今传者乃伪作。

自契至于成汤八迁，汤始居亳，从先王居[1]。作《帝告》《厘沃》[2]。

注释

1　汤所居之亳，王国维谓在今山东曹县南；见所著《说亳》。

相传帝喾居亳，故云从先王居。

2 告，《史记》作诰，一作俈。《史记》无"厘沃"二字，孙《疏》因疑《帝告》《厘沃》乃一篇。原文已佚。

汤征诸侯，葛伯不祀[1]，汤始征之，作《汤征》[2]。

注释

1 葛，夏嬴姓侯国：孙《疏》引《孟子》赵注说。

2 《汤征》篇已佚。

伊尹去亳适夏，既丑有夏，复归于亳[1]。入自北门，乃遇汝鸠汝方[2]。作《汝鸠》《汝方》[3]。

注释

1 适，往也。去亳适夏，谓去汤适桀也。丑，恶；厌恶。

2 江声据《史记》，谓：乃，衍文。汝鸠、汝方，汤二臣名。

3 《汝鸠》《汝方》，乃二篇名，原文皆佚。

伊尹相汤伐桀，升自陑，遂与桀战于鸣条之野[1]。作《汤誓》[2]。

注释

1 伪孔《传》谓：陑，地名，在河曲之南。孙《疏》则谓："陑"字《说文》所无，不知何字之误，亦未详其地所在。按：升，登也。鸣条，伪孔《传》谓在安邑西。孙《疏》据《吕氏春秋·简选》篇、《淮南子·主术训》《淮南子·修务训》，以为应从郑注，谓鸣条为南夷之地。

2 《汤誓》，今存。

汤既胜夏，欲迁其社¹，不可。作《夏社》《疑至》《臣扈》²。

注释

1 迁社，谓迁移夏之社神。

2 三篇皆亡（孙《疏》谓：《疑至》《臣扈》，恐为一篇）。

夏师败绩，汤遂从之，遂伐三朡，俘厥宝玉¹。谊伯仲伯作《典宝》²。

注释

1 败绩，谓大败。从，追逐。三朡（孙《疏》谓或作朡、嵏），国名：伪孔《传》说。俘，虏取。

2 谊伯、仲伯，二臣名。谊，或作义。仲，或作中。《典宝》，篇名；已亡。

汤归自夏，至于大坰¹。仲虺作《诰》²。

注释

1 大坰，地名；其地所在未详。

2 仲虺，汤左相；奚仲之后：伪孔《传》说。本篇已亡。今本《仲虺之诰》，乃后人伪作。

汤既黜夏命¹，复归于亳。作《汤诰》²。

注释

1　黜，贬黜。黜夏命，谓克夏也：《正义》说。

2　本篇已佚；今传者乃后人伪作。

咎单作《明居》。

注释

咎单，人名；汤司空：马融说（见《史记集解》）。本篇已亡。

成汤既没，太甲元年，伊尹作《伊训》《肆命》《徂后》。

注释

三篇皆亡。伪古文本有《伊训》，乃后人伪作。

太甲既立，不明；伊尹放诸桐[1]。三年，复归于亳，思庸[2]。伊尹作《太甲》三篇[3]。

注释

1　桐，地名；相传在今河南偃师县。

2　思，念也；庸，常也：义并见《释诂》。言思念常道：伪孔《传》说。

3　《太甲》三篇，皆佚。伪孔本有《太甲上》《太甲中》《太甲下》三篇，皆伪作。

伊尹作《咸有一德》。

注释

本篇已佚。伪孔本有之，乃伪作者。

沃丁既葬伊尹于亳，咎单遂训伊尹事[1]，作《沃丁》[2]。

注释

1　咎单，殷贤臣。训，道也：义见《诗·烝民》毛传。

2　《沃丁》篇已亡。

伊陟相太戊，亳有祥桑谷共生于朝[1]；伊陟赞于巫咸，作《咸乂》四篇[2]。

注释

1　伊陟，伊尹子。太戊，太庚子。祥，妖异。桑、谷，皆木名。

2　赞，告。咸，人名；时为巫官；故称巫咸。《咸乂》，篇名；已亡。

太戊赞于伊陟[1]，作《伊陟》《原命》[2]。

注释

1　赞，告。

2　《伊陟》《原命》，二篇皆亡。

仲丁迁于嚣[1]，作《仲丁》[2]。

注释

1　仲丁，太戊子。嚻，地名，即敖；故地在今河南荥阳县。

2　《仲丁》，篇名；今已亡。

河亶甲居相[1]，作《河亶甲》[2]。

注释

1　河亶甲，仲丁之弟。相，地名；在今河南内黄县境。

2　《河亶甲》，篇名；已亡。

祖乙圮于耿[1]，作《祖乙》[2]。

注释

1　祖乙，《史记·殷本纪》谓河亶甲子；据殷墟卜辞，乃仲丁子也。说见王国维所著《殷卜辞中所见先公先王续考》。圮，毁也；谓国都毁于水。耿，《史记》作邢，地名；故地在今山西河津县。

2　本篇已亡。

盘庚五迁，将治亳殷，民咨胥怨[1]。作《盘庚》三篇[2]。

注释

1　"将治亳殷"，《正义》谓孔子壁中《尚书》作"将始宅殷"。是也。宅殷，谓迁居于殷。咨，嗟。胥，相。

2　《盘庚》三篇，今存。

高宗梦得说，使百工营求诸野，得诸傅岩[1]。作《说命》三篇[2]。

注释

1　高宗，殷王武丁也；小乙之子。说，武丁梦中所得贤人。傅，地名。岩，穴也。

2　《说命》三篇皆亡；伪孔《传》有之，乃后人伪作。

高宗祭成汤，有飞雉升鼎耳而雊[1]；祖己训诸王，作《高宗肜日》《高宗之训》[2]。

注释

1　雉，山鸡。雊，雄雉鸣也。

2　祖己，殷贤臣。《高宗肜日》，今存。《高宗之训》，亡。

殷始咎周，周人乘黎[1]。祖伊恐，奔告于受[2]。作《西伯戡黎》[3]。

注释

1　咎，恶。乘，胜也：孙《疏》本郑玄说。黎，国名。

2　祖伊，殷贤臣。受，纣名。

3　《西伯戡黎》，今存。

殷既错天命，微子作诰父师少师。

注释

错，废也：马融说（见《释文》）。本篇名《微子》，而序未言篇名，乃省文。今存。

惟十有一年，武王伐殷；一月戊午，师渡孟津[1]。作《泰誓》三篇[2]。

注释

1　孟津，黄河渡口名；在今河南孟县。

2　《泰誓》，已亡。汉时河内女子所献之《泰誓》，亦亡。伪孔本《泰誓》三篇，皆伪作。

武王戎车三百两，虎贲三百人，与受战于牧野[1]。作《牧誓》[2]。

注释

1　戎车，兵车。两，即今之辆字。虎贲，勇士之称。受，纣名。牧，地名；说见本书《牧誓》篇。

2　本篇今存。

武王伐殷，往伐，归兽，识其政事[1]。作《武成》[2]。

注释

1　兽，与狩通。《逸周书·世俘》篇，言伐纣之后，武王狩禽；则归狩，谓克纣之后，武王狩猎也：本简朝亮《尚书集注述疏》说。识其政事，盖谓记述武王伐殷后所做之措施。

2　《武成》篇，孔壁古文有之，亡于东汉建武之际；今传者乃伪本。

武王胜殷杀受，立武庚，以箕子归[1]。作《洪范》[2]。

注释

1　受，纣名。武庚，纣子（名禄父）；周封之以嗣殷祀者。以，与也。以箕子归，言与箕子共归镐京也。

2　《洪范》，今存。

武王既胜殷，邦诸侯，班宗彝[1]。作《分器》[2]。

注释

1　邦，《史记》作封。邦诸侯，谓分封诸侯也。按：班，分也：义见《国语·周语》注。宗彝，宗庙之彝器也。

2　《分器》篇，已亡。

西旅献獒，太保作《旅獒》。

注释

旅，《正义》据郑玄说，谓是西戎国名。《尔雅》云："狗四尺为獒。"太保，伪孔《传》谓是召公奭。《旅獒》篇已亡；今传者乃伪本。

巢伯来朝，芮伯作《旅巢命》。

注释

巢伯，殷之诸侯。芮，畿内之国，与周同姓：郑玄说（见《诗·桑柔》疏）。《旅巢命》，已亡。

武王有疾，周公作《金縢》。

注释

《金縢》，今存。

武王崩，三监及淮夷叛[1]；周公相成王，将黜殷，作《大诰》[2]。

注释

1　三监，管叔、蔡叔、霍叔：郑玄说（见《诗·东山》正义）。
2　《大诰》，今存。

成王既黜殷命，杀武庚；命微子启代殷后，作《微子之命》。

注释

《微子之命》，亡；今传者乃伪本。

唐叔得禾，异亩同颖，献诸天子[1]。王命唐叔归周公于东，作《归禾》[2]。

注释

1　唐叔，成王母弟。亩，《史记·周本纪》作母。异母同颖，谓二苗同为一穗也：郑玄说（见《史记集解》）。
2　归，与馈通。时周公居东，故云归周公于东。《归禾》，已亡。

周公既得命禾，旅天子之命[1]，作《嘉禾》[2]。

1　命禾，受王归己禾之命也：郑玄说（见《正义》）。旅，陈也：义见《释诂》。

2　《嘉禾》，已亡。

成王既伐管叔蔡叔，以殷余民封康叔。作《康诰》《酒诰》《梓材》。

注释

三篇今俱存。

成王在丰，欲宅洛邑，使召公先相宅。作《召诰》。

注释

《召诰》，今存。

召公既相宅，周公往营成周，使来告卜。作《洛诰》。

注释

告卜，谓以所卜之兆告成王也。《洛诰》，今存。

成周既成，迁殷顽民；周公以王命诰，作《多士》。

注释

《多士》，今存。

周公作《无逸》。

注释

《无逸》，今存。

召公为保，周公为师，相成王为左右[1]；召公不说，周公作
《君奭》[2]。

注释

1　保，太保。师，太师。

2　《君奭》，今存。

蔡叔既没，王命蔡仲践诸侯位[1]，作《蔡仲之命》[2]。

注释

1　蔡叔，蔡叔度。蔡仲，蔡叔之子。

2　《蔡仲之命》，已亡；今传者乃伪本。

成王东伐淮夷，遂践奄[1]，作《成王政》[2]。

注释

1　践，《史记·周本纪》作残。《诗·破斧》正义引郑玄云：
"践，读曰翦；翦，灭也。"奄，国名；见本书《多士》篇。

2　政，马本作征（见《释文》）。《成王政》，已亡。

成王既践奄，将迁其君于蒲姑[1]。周公告召公，作《将蒲姑》[2]。

注释

1　蒲姑，或作薄姑；马融谓：齐地名（见《史记集解》）。江声据《大传》，谓：蒲姑，乃奄君名，而序衍"于"字（见《尚书集注音疏》）。二说未详孰是。

2　《将蒲姑》，今亡。

成王归自奄，在宗周，诰庶邦。作《多方》。

注释

《多方》，今存。

周公作《立政》。

注释

《立政》，今存。

成王既黜殷命，灭淮夷，还归在丰。作《周官》。

注释

《周官》，已亡；今传者乃伪作。

成王既伐东夷，肃慎来贺[1]。王俾荣伯作《贿肃慎之命》[2]。

1 肃，《史记》作息。马融谓（见《释文》）：息慎，北夷也。

2 荣伯，周同姓畿内诸侯，时为王之卿大夫：马融说（见《释文》）。《贿肃慎之命》，已亡。

周公在丰，将没，欲葬成周。公薨，成王葬于毕[1]。告周公，作《亳姑》[2]。

注释

1 毕，地名；在今咸阳县境。

2 《亳姑》，已亡。

周公既没，命君陈分正东郊成周[1]。作《君陈》[2]。

注释

1 君陈，周公之子：见《礼记》郑注。正，王官之长：简氏《集注述疏》说。

2 《君陈》，已亡。

成王将崩，命召公、毕公率诸侯相康王。作《顾命》。

注释

《顾命》，今存。伏生本与《康王之诰》合为一篇；后世分为二篇，而诸家分篇情形不同。说详本书《顾命》篇。

康王既尸天子[1]，遂诰诸侯。作《康王之诰》[2]。

注释

1　尸，主也：义见《尔雅·释诂》。尸天子，谓主天子之事也。

2　《康王之诰》，今存。

康王命作册毕，分居里，成周郊[1]。作《毕命》[2]。

注释

1　按：作册，官名。毕，人名。《史记·周本纪》毕作毕公；恐非是。分居里，谓分别民之居处也。

2　《毕命》，已亡；今传本乃伪作。

穆王命君牙，为周大司徒。作《君牙》。

注释

牙，一作雅。《君牙》，已亡；今传者乃伪作。

穆王命伯冏为周大仆正[1]，作《冏命》[2]。

注释

1　伯冏，臣名：伪孔《传》说。冏，《史记》《说文》俱作臩。大仆，官名。正，长也。

2　《冏命》，已亡；今传本乃伪作。

吕命；穆王训夏赎刑[1]，作《吕刑》[2]。

注释

1　吕命，谓命吕侯。训夏赎刑，言申训夏时赎刑之法也：孙《疏》说。

2　《吕刑》，今存。

平王锡晋文侯秬鬯圭瓒，作《文侯之命》。

注释

《文侯之命》，今存。

鲁侯伯禽宅曲阜，徐夷并兴，东郊不开[1]。作《费誓》[2]。

注释

1　开，马本作辟（见《释文》）。

2　《费誓》，今存。

秦穆公伐郑，晋襄公帅师败诸崤[1]。还归，作《秦誓》[2]。

注释

1　伐郑败于崤事，见僖公三十二年及三十三年《左传》。

2　《秦誓》，今存。